表達性藝術幼兒音樂課程系列 5

表達性藝術

幼兒音樂課程

教學指導手冊（下冊）

娃娃小魔女【小班】　奇幻遊樂園【中班】　小海馬的家【大班】

吳幸如◎著

作者簡介

吳幸如

現任：台南應用科技大學幼兒保育系助理教授
社團法人中華國際兒童產業暨教育協會創會理事長
中國國家職業培訓技術指導師（OSTA/CETIC）
浔洣國際嬰幼兒美感教學系統執行長
第十二屆台灣奧福教育協會副理事長暨秘書長
臺南市鼓樂協會音樂藝術總監
國際嬰幼兒律動輕瑜伽（IBESY）創辦人
台灣兒童及少年福利促進學會理事
台灣國際嬰幼兒發展協會教育委員
高雄市旗山區旗尾國小校務發展顧問
英國正念校園（MiSP）青少年「.b」課程（trained to .b）受證師資
中國文化大學推廣教育中心表達性藝術—兒童正念（EA-MPC）培訓講師
國際奧福 Orff ／美國 Kindermusik ／表達性藝術國際證照培訓講師

持續推廣兒童音樂教育逾三十年，受邀於中國山東、杭州、北京、西安、寧波等地擔任音樂與藝術師資培訓課程講師，多次主持國中、國小、幼教音樂師資培訓、擔任幼托中心機構之督導，與各縣市教育局主辦「美感教育」師資養成計畫。曾任台灣音樂輔助治療協會理事，受邀於楠梓特殊學校、南部精神醫療院所、特教機構、養護中心等從事音樂治療之輔導工作，及各大醫療機構的音樂治療與實務課程之講授分享與示範演練，專業之音樂著作多達二十餘冊。目前任職於台南應用科技大學幼兒保育系，教授音樂教育概論、美感教育、兒童音樂治療、音樂課程設計、創造性肢體律動、表達性肢體開發、創造性音樂戲劇、嬰幼兒節奏撫觸按摩、幼兒律動輕瑜伽、嬰幼兒手語歌謠、社區親子音樂、樂齡音樂舒緩按摩、非洲鼓樂舞蹈、Educational Drum Circle、Drum Healing 等課程。

序

音樂是集藝術、娛樂、教育與心理的一門專業學問，其內涵與功能遠超越文字與語言。音樂功能自古以來深受肯定，不但能提升個人藝術涵養，更能增進生理、心理的健康，以臻人格的健全。

回想近三十年的音樂教學生涯，學生從幼年、青年、乃至老年族群，到從事音樂治療輔導案主的過程，每每從他們滿足、自信、愉悅的笑容中，讓我更肯定音樂化育的功能，使我義無反顧的投入更大的心血去專研音樂的原理與奧妙，來加強自己的音樂素養以期能夠利人利己。

表達性藝術的領域（音樂、舞蹈、視覺藝術、戲劇……）無遠弗屆，但不失其共通性與交集性。在幼年成長的教育裡，人文藝術的培養能給予幼兒健全的人格發展，並表現在日後德、智、體、群、美的成就上。也因此，國民義務教育中九年一貫的課程裡亦包含了人文藝術領域的教學。

筆者認為幼兒的音樂教育中，讓幼兒欣賞音樂、聆聽音樂、舞動肢體來培養興趣，比讓他們成為音樂家來得重要。從遊戲活動中喜愛音樂，鼓勵幼兒運用想像力與創作力達到音樂藝術的成就，讓幼兒了解到原來音樂也可以這麼「好玩」，它可以與舞蹈、繪畫、文學、戲劇融合，即使不能完整的唱一首歌，你也可以翩然起舞；即使舞姿不夠曼妙，你也可以創造一則故事，當上劇中的主角，甚至畫出一幅有聲音的圖畫……。自然而然的，他們就會想要更深入到多元的音樂領域中。

本著這樣的理念，融合達克羅士、高大宜與奧福三大教學理念，結合多年的音樂教學經驗與心得，筆者設計了一系列的「表達性藝術幼兒音樂課程教學指導手冊」與「幼兒音樂課本」。課程中結合了舞蹈、歌唱、童韻、繪畫、戲劇與文學，透過誘導、探索與體驗，融入本土性與統整性的教學，讓幼兒接受多元化的思維，從中來提升幼兒的創造力，展現個人的特質，並給予自由成長空間。此外，亦希望有心於從事音樂藝文教育者也擁有一份實用的參考資料，即使你不會彈奏樂器，亦能找到表達性藝術中共通的資源，帶領學習者進入音樂的殿堂。

本系列之表達性藝術幼兒音樂課程分為小班、中班、大班「教學指導手冊」合集上、下兩本與「幼兒音樂課本」六本。「表達性藝術幼兒音樂課程教學指導手冊」須搭配同系列的「幼兒音樂課本」來實施教學，每一主題單元都可以擴展為美感教學領域的活動內涵，或成為原有的音樂課程的教學補充資料。甚至中、大班的單元內容可以延伸應用至國小一、二年級「九年一貫課程之藝術與人文」的領域裡。

教學指導手冊中之「需要的教材教具」與「附錄」提供了如音樂、CD、書籍、樂器、樂譜……等教學資源，指導者可以到唱片行、書局或上網尋找相關資料，或自行應用到相關的題材上。關於「幼兒音樂課本」，筆者希望提供的是一本幼兒學習成長的紀錄本，課本裡將保留幼兒藝術作品與音樂活動中為幼兒所拍攝的相片，希望指導老師們能用心參與幼兒的學習過程，豐富幼兒們的童年記憶。所以照相留影是不可或缺的一環，一步一腳印，讓幼兒擁有一份美好的回憶。

人文藝術的涵養與教育必須從幼兒時期開始培養，才能達到事半功倍的效果。日後致力於開發教學資源與學習是筆者努力的目標，由於個人才疏學淺，在課程的規劃與設計上或有不盡完善之處，還請先進們與讀者不吝指教。

吳幸如

哈佛幼兒教育機構

哈佛幼兒教育機構致力於幼兒教育的實踐與研究逾二十年，師資群皆持有零至三歲、三至六歲混齡教學之國際蒙特梭利協會執照〔Association Montessori International（AMI）〕，是國內蒙特梭利教學中少見的師資陣容。本機構在幼兒藝術活動推廣上亦達十年之久，同時邀約藝術工作者及教育工作者與本機構合作，協同參與幼兒的藝術教學活動。因緣際會下有幸認識吳幸如老師，秉持一貫的認真態度，合作策劃了這一系列「表達性藝術幼兒音樂課程」，期能為國內幼兒音樂教學活動找到適合的教材。

致 謝

這套叢書能夠順利出版，首先要感謝我的父母在幼兒時期給了我一個豐富的藝文與美學教育課程，有音樂、舞蹈與繪畫的陪伴。更在父親的支持下順利的完成國外的學業，取得音樂藝術教育的學位。感謝恩師Prof. B. Lysenko、J. F. Wilmouth 帶我進入寬廣的音樂視野，J. F. Weilly, MT-BC 帶領我了解到音樂的治療功能。我永遠珍惜這段學習中最珍貴的回憶。

感謝親愛的老公，從始至終一直鼓勵我、支持我、給我信心，在身心疲憊時幫我按摩，紓解我身心的疲憊，帶給我溫暖。

感謝「哈佛幼兒園」謝富雀園長的信任與支持，及園所老師們用心投入整個實驗教學，讓我能夠施展所長。因緣際會下，園所為特殊教育機構舉辦一場公益性的表演節目，幾經與謝園長的討論與籌劃裡，帶領幼兒與園所老師在台南市立文化中心舞台演出「3～6 歲與 158 單位──幼兒音樂節奏與生命力」，老師們的自信及孩子展現出的活力與快樂，正是我們所期待與樂見的。

感謝台南應用科技大學前校長陳教授豐村對本書的推薦，以及提供充分的空間，讓老師們可以發揮各自的專長與專業。

感謝國立台南大學音教所謝苑玫副教授的特別撥冗，與她討論時下的一些音樂教育概念時，其豐富的學養帶給我非常寶貴的啟發。

感謝仁仁音樂中心劉嘉淑老師，在實務上所提供的見解與熱情。劉老師是位非常有熱誠與活力的老前輩，投入兒童音樂教育多年，常有許多點子讓我驚豔不已，是我效法的對象。

感謝美和科技大學幼保系林心智教授提供其創作之台灣節日童謠（囝仔歌），增添了本書的內涵與鄉土特色。

最後感謝出版社團隊的辛苦，出版這一套書籍，總編輯林敬堯先生幾次百忙之中抽空南下與我討論出版細節、執行編輯文玲小姐的細心總校對與建議，及筆者學生們的活潑可愛，讓我有更多的靈感來發揮創意。

（小班◆下冊）

娃娃小魔女

【目　錄】

（中班◆下冊）

奇幻遊樂園

【目　錄】

（大班◆下冊）

小海馬的家

【目　錄】

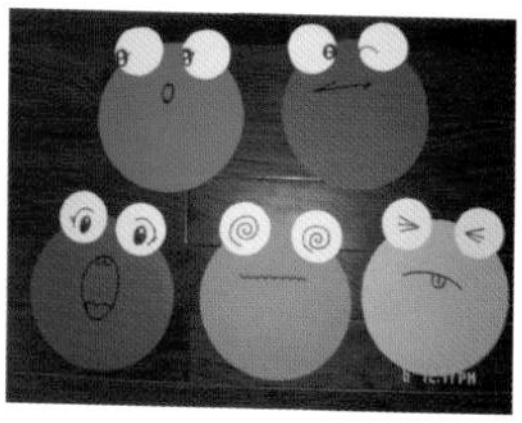

JIGGLE
CORN

（小班◆下冊）

娃娃小魔女

單元1

我是小氣球

活動目標：

❶ 增進幼兒肢體動作的伸展與協調性。
❷ 提升幼兒對音樂的感受能力。
❸ 培養幼兒的創作能力。

設計理念：

透過肢體活動與聽覺遊戲來幫助幼兒感受漸強、漸弱與音樂力度變化，並利用樂曲的架構與節奏來增進幼兒聽覺的感受力及肢體創作能力。

活動過程：

引起動機

詢問幼兒有什麼東西會慢慢變大？又會慢慢變小呢？（如：氣球、月亮、青蛙的肚子……）老師利用氣球來吹氣，讓幼兒觀察氣球被充氣時漸漸飽滿與消氣時

氣球變變變（一）

氣球變變變（二）

變小情形……。

我是小氣球

活動一／肢體開發——氣球變變變

❶ 邀請幼兒變成氣球，老師假裝吹氣，幼兒的身體要表現出愈來愈大的模樣；老師做消氣的動作（將氣球放氣），則幼兒的身體需表現出縮小的模樣。

❷ 造型氣球——引導幼兒肢體做不同的伸展，可延伸到變長變短，或是變高變矮……等。

聽訊號反應

活動二／肢體創作——聽訊號反應

❶ 老師用手鼓敲出漸漸變強的聲音，幼兒隨著聲音漸漸地撐大自己的身體；反之，聽手鼓的聲音漸弱，則慢慢縮小身體。例如：老師拿起手鼓，敲出漸強【<】，幼兒將自己的身體慢慢變到最大！如果敲弱時【>】，就要慢慢縮小自己的身體。

❷ 如此的活動方式，讓幼兒聽音響變化做動作，並可由一人的肢體伸展改變成為兩人一組，共同合作出肢體伸展與收縮的動作。

❸ 老師換其他的樂器來敲出漸強漸弱的聲音，鼓勵幼兒也換換身體的其他部位來表現漸大和縮小的感覺，如：眼睛漸漸變大（睜大）→漸漸變小（瞇眼）；手掌漸漸變大→漸漸變小……等。

貼心小叮嚀

老師可以利用此活動延伸：請一位幼兒用身體來表現強、弱，其他的幼兒分別手拿樂器（如：響棒、木魚、鈴鼓……）並依該幼兒的身體變大、變小來敲出漸強與漸弱的音效。

活動三／創造性肢體律動——我是小氣球

❶ 老師引導幼兒做暖身體操，如：甩甩頭、動動肩膀、扭扭腰……等等。

❷ 播放旋律分明的「七步舞」（見需要的教材教具）當背景音樂進行創造性肢體律動。

範例（樂譜見附錄）：

舞序 1 － 8 小節：拍手繞圈走

9 － 16 小節：蹲下慢慢將身體縮小……

17 小節之長音部分：將身體稍微擴展……（意為氣球慢慢地在充氣）

貼心小叮嚀

✿長音部分反覆 7 次，所以第 17 小節長音部分請幼兒一次次的漸漸擴張身體直到最後一次擺出一個肢體造型。

✿老師可以指定不同的肢體動作模仿。如：於第 17 小節長音反覆處模仿動物（慢慢變成一隻小貓……）或物體（一朵花慢慢開了……）的模仿。

結束活動

❶ 請幼兒翻開課本（p.5）看看小魔女在做什麼？

❷ 紙上作業：發給幼兒色筆，將課本（p.5）的氣球著上顏色。

延伸活動：

樂器敲奏（漸強、漸弱）：

❶ 發給幼兒樂器，請幼兒依照老師的動作指令敲擊樂器，如：老師的雙手向兩旁打開→敲奏漸強；老師的雙手在胸前向內縮小→敲奏漸弱。

❷ 可請一位幼兒當指揮，帶領此活動。

需要的教材教具：

❶ CD 音響。

❷ 音樂 CD：

⑴「奧福教學——舞蹈 I」，*七步舞（Seven Jumps）*，第 9 首。台北：中華奧福教育協會。

⑵「創世紀舞蹈系列 10——舞於校園中」（4424），*七式音階（Seven Jumps）*，第 11 首。台北：上聿文化（02-28229228）。

❸ 樂器：手鼓、響棒、木魚、鈴鼓……。

❹ 可吹氣之大氣球。

❺ 彩色筆數盒。

七步舞

(Seven Jumps)

丹麥

◎此曲重複七次，每到「△」此處須重複演奏一次。

筆記欄

單元 2

魔法指令

活動目標：

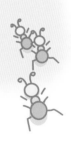

❶ 增進幼兒的記憶能力。
❷ 培養幼兒的肢體靈敏度與流暢感。
❸ 培養幼兒專注力與表達能力。

設計理念：

從遊戲的過程中，培養幼兒的記憶能力，並增進肢體變化的創意性與靈敏度。

活動過程：

引起動機

老師自編一個小魔女的故事，如：小魔女非常的調皮，常會一邊哼著歌曲、跳著舞，一邊拿掃把變魔術；當她一遇到不同的動物，就會施魔法讓牠跳舞，跳個不停⋯⋯，後來小魔女看到動物們一個個因為跳太久的舞而昏倒，覺得很不忍心，才解除魔法並向動物們道歉。動物們知道小魔女只是想找朋友玩於是原諒她，並開心的和小魔女一起跳舞。

活動一／聽訊號反應——肢體動作模仿

請幼兒扮演一隻自己最喜愛的小動物（或由老師指定），當老師的鈴鼓敲出【𝅗𝅥～～～ 𝅗𝅥～～～ 𝅗𝅥～～～ 𝅗𝅥～～～】四聲後，請幼兒變成動物的樣子（如：小豬、狗……），待老師再敲奏【♩ 𝄽 ♩ 𝄽 | ♩ ♩ ♩ 𝄽】（反覆敲奏）時，請幼兒配合節奏模仿自己所扮演的動物，或走或跳……等等。

動物頭套

活動二／創造性肢體律動

❶ 播放音樂（見需要的教材教具），A 段（1-4 小節）部分請幼兒自由隨著音樂走、跑或跳。

❷ B 段 5、6 小節出現【𝅗𝅥～～～ 𝅗𝅥～～～ 𝅗𝅥～～～ 𝅗𝅥～～～】節奏時，老師拿出圖片指定幼兒模仿的動物。
7、8 小節【♩ 𝄽 ♩ 𝄽 | ♩ ♩ ♩ 𝄽】時，模仿動物的動作，反覆 2 次。

肢體動作模仿（一）

肢體動作模仿（二）

貼心小叮嚀

老師可以利用鈴鼓敲出樂曲中【𝅗𝅥～～～ 𝅗𝅥～～～ 𝅗𝅥～～～ 𝅗𝅥～～～】的節奏，並出示手中的動物圖卡，提醒幼兒將模仿的動物是什麼。

結束活動

紙上作業：請幼兒翻開課本（p.6），為課本上的大象著上顏色。

延伸活動：

＊器樂合奏

老師將小椅子排成圓型，坐面朝外，上面放置小樂器。A 段時請幼兒在教室內走出小馬步【♫ ♫ ♫ ♫……】，或自由行走，等到樂曲演奏至B段 5、6 小節【𝅗𝅥～～ 𝅗𝅥～～ 𝅗𝅥～～ 𝅗𝅥～～】節奏時，走到樂器放置的位子，選擇一樣樂器隨著樂曲敲奏 7、8 小節【♩ 𝄽 ♩ 𝄽 | ♩ ♩ ♩ 𝄽】的節奏。

貼心小叮嚀

請老師提醒幼兒，在室內走動時要小心不要撞到小椅子。

需要的教材教具：

❶ 樂器：鈴鼓。

❷ CD 音響。

❸ 音樂 CD：

⑴「創世紀舞蹈系列 10——舞於校園中」（4424），*庫企企（ku-Tschi-Tschi）*，第 2 首。台北：上聿文化。

或

⑵「創世紀舞蹈系列 4——快樂兒童齊舞蹈」（4402），*庫企企（ku-Tschi-Tschi）*，第 5 首。台北：上聿文化。

❹ 各種動物圖卡：小豬、小狗、大象、馬、長頸鹿……。

附錄一：圖譜

A 段

B 段

附錄二：樂譜

庫企企

編曲：Robby Schmitz

單元 3

魔法配對

活動目標：

❶ 培養幼兒配對與圖形識別的能力。
❷ 激發幼兒敏銳的反應能力與記憶能力。
❸ 培養幼兒的節奏感與合奏能力。

設計理念：

讓幼兒透過形狀圖卡準確地敲擊所代表的樂器，培養視覺、聽覺、動作覺……等能力，並同時提升其反應能力、專注力與記憶能力。

活動過程：

引起動機

老師拿出形狀圖卡和幼兒討論，在日常生活中有什麼東西的形狀是三角形、長條形、圓形。

活動一／樂器的形狀——△、○、▯（三角鐵、鈴鼓、響棒）

❶ 老師拿出三角鐵、響棒、鈴鼓等樂器，介紹各種樂器的名稱及討論產生不同聲音的情境，如：敲三角鐵如同下課的鈴聲；敲擊響棒像釘木頭的聲音；拍擊鈴鼓像阿兵哥雄糾糾踏步的聲音……。

鈴鼓

❷ 老師取出形狀圖卡和所代表的樂器做配對。

❸ 老師向幼兒說明配對的遊戲，如：看到三角形的圖卡要敲擊三角鐵、看到長條形的圖卡要敲擊響棒、看到圓形的圖卡要拍擊鈴鼓。

樂器的形狀

活動二／聽訊號反應——配對遊戲

❶ 將幼兒分成三組，各組分別發給三角鐵、鈴鼓、響棒，進行樂器配對遊戲。

❷ 老師隨意取出一張形狀圖卡，請幼兒依圖卡敲擊所代表的樂器。

❸ 等幼兒熟稔後，再以快速度更換形狀圖卡，讓幼兒依圖卡進行敲擊。

❹ 老師收回樂器，發給每位幼兒三種不同形狀（△、○、▯）的圖卡。

❺ 老師敲擊樂器，請幼兒拿出代表的形狀圖卡。

貼心小叮嚀

老師亦可以選擇不同的形狀圖卡，來導入不同樂器的辨認與敲奏，如：沙鈴的形狀像電燈泡……。

活動三／童韻──「樂器」（說白節奏）

老師帶領幼兒唸誦說白節奏（見附錄），並教導幼兒以兩手來比出形狀。

範例：（p.15 的童韻）

童韻：♫ ♩ ♫ ♩
三角 鐵 三角 形

動作：【伸出兩手的大拇指與食指，並分別將大拇指與大拇指、食指與食指連結在一起成三角形】

說白節奏（一）

童韻：♫ ♫ ♫ ♩
長長 響棒 長條 形

動作：【伸出兩手的食指】

說白節奏（二）

童韻：♬♬ ♫ ♫ ♩
像月亮的 鈴鼓 是圓 形

動作：【雙手手臂圈出圓形狀】

結束活動

紙上作業：連連看（猜猜我是誰）

❶ 老師發給幼兒彩色筆。

❷ 請幼兒翻開課本（p.8），沿著虛線描繪出圖形，並猜猜看連線完成後的圖案是什麼？

說白節奏（三）

延伸活動：

＊器樂敲奏

老師將幼兒分成三組後，發給各組幼兒樂器，並利用說白節奏來進行樂器的敲奏。如：

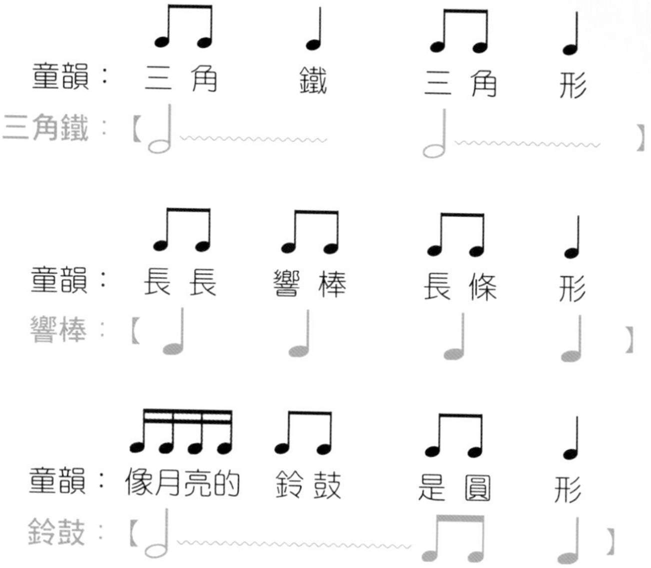

需要的教材教具：

❶ 形狀圖卡數張（三角形、圓形、長條形）。

❷ 樂器：三角鐵、響棒、鈴鼓。

❸ 彩色筆。

附錄：童韻

樂器

童韻：吳幸如

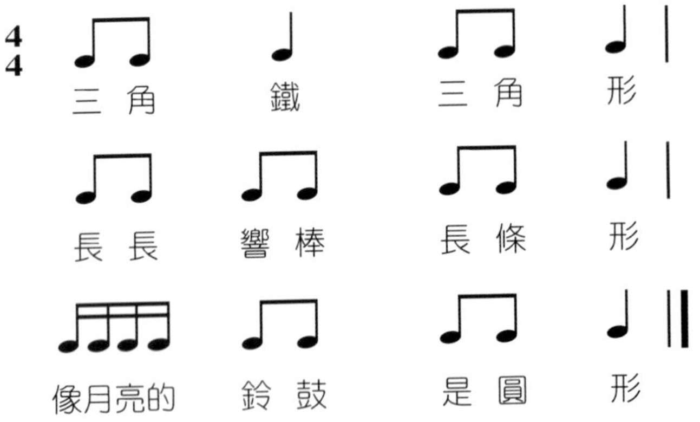
4/4
三 角 鐵 三 角 形
長 長 響 棒 長 條 形
像月亮的 鈴 鼓 是 圓 形

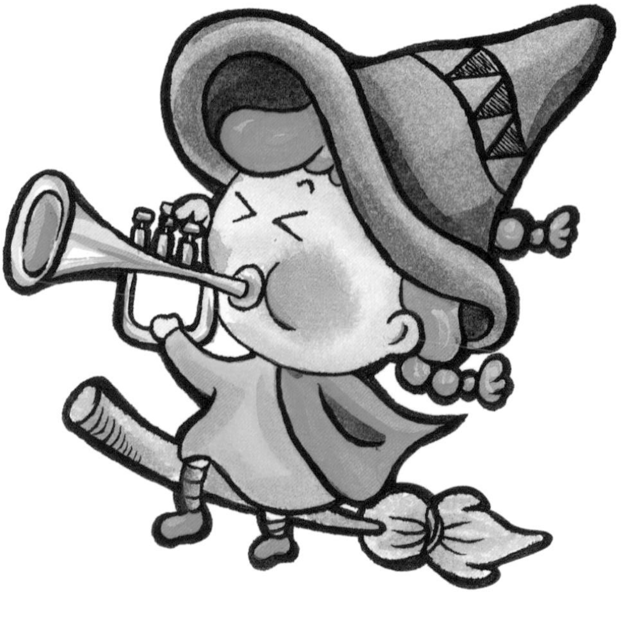

筆記欄

單元4

糖梅仙子

活動目標：

❶ 增進幼兒對音樂的鑑賞能力。
❷ 啟發幼兒對音樂的表達能力。
❸ 利用肢體活動增進身體的協調力與平衡感。

設計理念：

透過遊戲與活動，讓幼兒獲得豐富的音樂經驗，提升幼兒對音樂的感受力，並利用結構性、創造性的肢體活動，激發幼兒的動作創造能力與表達能力。

活動過程：

引起動機

老師可講述柴可夫斯基的芭蕾舞劇「胡桃鉗」的故事（見需要的教材教具），讓孩子了解這首「糖梅仙子」歌曲是出自胡桃鉗裡的音樂……。

糖梅仙子的故鄉

活動一／影片欣賞——迪士尼「幻想曲」

老師播放迪士尼「幻想曲」（見需要的教材教具）的第 4 段「胡桃鉗」的音樂影片讓幼兒欣賞，並和幼兒討論觀看後的感想。

糖梅仙子

活動二／音樂欣賞——「糖梅仙子」

❶ 老師播放音樂（見需要的教材教具），幼兒坐下聆聽音樂。

❷ 幼兒以雙手拍腿方式感受音樂的節奏（以♩為一單位）。

❸ 當幼兒聽到旋律中出現「下行音……」的部分時（由管樂吹奏），即分別輪流以左、右手做出由上閃爍落下的樣子。

❹ 當聽到歌曲裡的「重音」時，雙手拍出重音，可隨重音的次數，在不同方向拍打重音。如，往上拍，往下拍，往右拍……等。

活動三／創造性肢體律動——糖梅仙子

❶ 老師請幼兒扮演影片中仙子的模樣，並與幼兒討論仙子的動作。

❷ 請幼兒排成一列，播放音樂，當音樂一開始，幼兒模仿仙子走路（可以踏點方式感受 ♩ 的節奏）。當聽到「下行音……」時（由管樂吹奏），第一位幼兒學仙子飛到最後一位仙子的後頭……，以此方式，每當聽到「下行音……」旋律時，排在隊伍第一位的仙子必須飛到最後面；當聽到「重音」時，即需請幼兒立刻靜止不動（或轉換方向）。間

創造性肢體律動（一）

創造性肢體律動（二）

創造性肢體律動（三）

創造性肢體律動（四）

奏：仙子可到處飛舞，等音樂回到主旋律時幼兒們飛回來排隊，如步驟❷的方式繼續進行活動。

貼心小叮嚀

樂曲中「下行音……」的部分

✿老師可以敲奏三角鐵提示，排第一位幼兒學小仙子飛到最後一位仙子的後方……；利用手鼓拍擊重音來提示幼兒，立刻靜止不動或轉換方向……

✿老師可以讓幼兒手持絲巾或彩帶進行律動，使幼兒的動作更具流暢性。

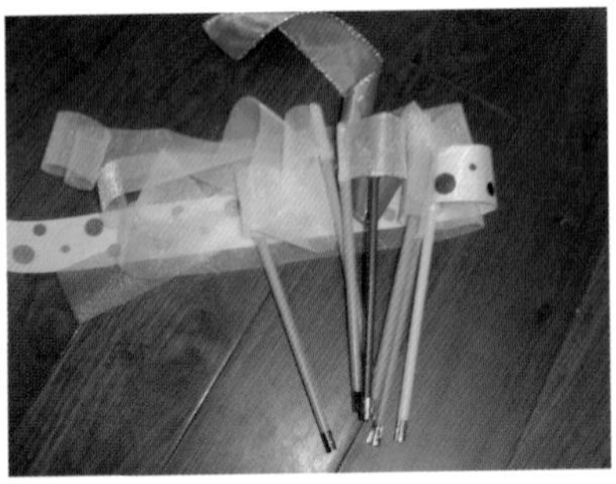

彩帶

結束活動

紙上作業：糖梅仙子在哪裡？

播放音樂（見需要的教材教具）讓幼兒聆聽，請幼兒翻開課本（p.9），找出糖梅仙子。

需要的教材教具：

❶ CD 音響。

❷ 參考 CD／書籍：《世界音樂童話繪本 6》，***胡桃鉗***。台北：台灣麥克。

❸ VCD ／ DVD 放影機。

❹ DVD：迪士尼「幻想曲」，***胡桃鉗組曲***，第 4 段。台北：博偉家庭娛樂股份有限公司。

❺ 音樂 CD：

⑴「大眾名曲——世界名曲 II」，***糖梅仙子之舞*** *(Dance of the Sugar Plum Fairy)*，第 16 首。台北：聯記唱片。

⑵「世界音樂童話繪本 6」，胡桃鉗，第 21 首，***糖梅仙子*** *(Danse de La Fée Dragée)*。台北：台灣麥克。

❻ 樂器：手鼓。

附錄：關於「幻想曲」DVD 中柴可夫斯基的「胡桃鉗」

柴可夫斯基的「胡桃鉗」結合了舞蹈與音樂兩大藝術，劇本是由德國作家霍夫曼的童話「胡桃鉗玩偶與鼠王」改編而來的。

劇情中充滿豐富的想像力與優美的旋律，彷彿讓人置身於仙境國度，從迪士尼公司出版的「幻想曲」DVD 中，將樂曲具體化，讓幼兒能聆聽曲子，同時亦能欣賞到小仙子們的曼妙舞姿，藉由視覺的引導，老師們可以讓幼兒想像自己是小仙子來跳舞。

單元5

花仙子

活動目標：

❶ 培養幼兒感受音樂力度的變化。
❷ 提升幼兒的節奏感與肢體創作能力。
❸ 透過音樂遊戲培養幼兒敏銳的聽覺力。

設計理念：

讓幼兒藉由肢體表現，來感受節奏與音樂力度的變化，透過遊戲的過程，體驗跳音與圓滑的不同，利用肢體來詮釋音樂，提升肢體動作的協調性與流暢性。

活動過程：

引起動機

❶ 老師拿一顆球，邀請幼兒玩遊戲。

❷ 老師將球往地上丟，球彈一下，幼兒也拍手一下。

❸ 老師改變拍球的速度，幼兒則依老師丟球速度來拍手。

活動一／音樂故事——花仙子

老師可利用圖片、器材自編一則故事，如：在一個種滿鮮花的國度裡，從每一朵美麗的花中，皆誕生出一位美麗的花仙子，有紅的、藍的、粉紅的、綠的……仙子，這些仙子要去參加花女王所舉辦的舞會，她們每人都必須在舞會獻上一段舞蹈，表演精采的仙子，將可以取得去人類世界旅行的機會……！

活動二／創造性肢體律動——花仙子之舞（一）

❶ 請幼兒先閉上眼睛聆聽音樂，引導幼兒想像仙子們曼妙的舞姿。

❷ 老師播放曲子（見需要的教材教具）；並拿出大型音樂圖形海報（範例見幼兒課本 p.10～11），請幼兒舉起手跟隨著老師，配合音樂圖形來指揮。

❸ 老師帶領幼兒利用肢體表現音樂節奏。如：前奏→做出仙子的動作，可拍拍小翅膀；A 段→跑步、點頭、搖擺身體、踏腳……；B 段→學小仙子飛舞（肢體需表現出踏跳、圓滑的對比性）。

❹ 等幼兒熟悉音樂後，徵求一位幼兒（可請他戴上花仙子的皇冠）即興表演 A 段的部分，其他幼兒拍出節奏；B 段則由老師來帶領小仙子的舞姿，引導幼兒隨著音樂旋律做出不同的肢體動作。

美麗的花（一）

美麗的花（二）

花仙子皇冠

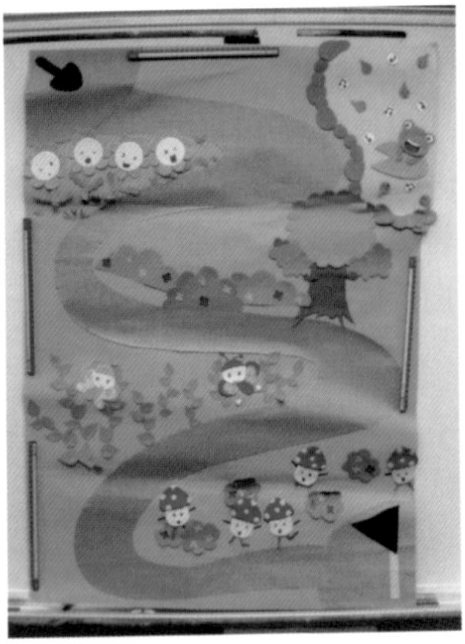

花仙子王國

美麗的香菇仙子

活動三／花仙子之舞（二）

❶ 老師先示範彩帶的揮動方式。

❷ 發彩帶給每個幼兒，請幼兒感受音樂節奏，揮動彩帶做出不同的變化，A段→幼兒拿著彩帶小跑步；B段→揮舞手中的彩帶，感受圓滑音的型態與肢體的流暢性。

花仙子之舞（二）

貼心小叮嚀

老師須留意彩帶的長度，要符合幼兒的身高，不可過長，以免幼兒絆倒。可以利用不同顏色的彩帶棒來增加幼兒肢體動作的流暢度，並達到視覺的效果。

結束活動

❶ 紙上作業：翻開課本（p.10），找出小仙子，並塗上顏色。

❷ 老師準備相機幫幼兒拍照（音樂結尾部分，請幼兒停下來，擺出肢體的動作造型），於下一堂課貼在課本相框裡（p.12）。

延伸活動：

❶ 創造性肢體律動：可用大透明絲巾讓幼兒蓋住肢體，即興來舞動，感受音樂節奏、力度與旋律的變化。

❷ 器樂合奏：發給幼兒樂器並將幼兒分成兩組來進行樂器敲奏。
範例：
A 段：跳音──以響棒、木魚、響板敲奏【……】。
B 段：圓滑音──以三角鐵、碰鐘來敲奏【……】。

需要的教材教具：

❶ 球（約排球般大小）。

❷ 彩帶數條。

❸ 大透明絲巾。

❹ 音樂CD：「激盪音感力」（U310009），***Cheval et cocher***，第1首。台北：上揚唱片。

❺ 樂器：響棒、木魚、響板、三角鐵、碰鐘……。

❻ 攝影器材。

單元 6

魔音圖畫

活動目標：

❶ 利用音樂聆聽的過程，提升幼兒創作音響圖形的能力。
❷ 啟發幼兒對圖形創作的能力。
❸ 培養幼兒對節奏的感受力。
❹ 促進幼兒手腕運筆動作的流暢性。

設計理念：

前一堂課藉由肢體表現，讓幼兒感受節奏與音樂的力度變化，體驗跳音與圓滑音的不同，為了加深幼兒的印象，特別設計一份音響繪圖的課程，讓幼兒除了感受節奏變化外，亦能利用繪畫與圖形的方式來認識音樂元素，啟發幼兒對圖形創作的能力。

活動過程：

引起動機

與幼兒討論上一堂課的內容，並帶領幼兒複習一次律動。

活動一／音響圖形——跳音與圓滑音

❶ 老師將自製的音響圖形海報（與課本 p.10～11 同）貼於白板上，播放歌曲（同前一單元），隨著音樂利用指揮棒指出音響圖形。

跳音與圓滑音

❷ 請幼兒翻開課本（p.10～11）花仙子的音響圖形圖，讓幼兒一邊聽音樂，一邊以手指指出圖形。

音樂繪畫

活動二／音樂繪畫——圖形創作

將幼兒分組（約 5～6 人一組）發給一張大海報紙，讓幼兒聆聽音樂，感受此首樂曲的風格，並自由繪出圖形與花仙子舞姿。

結束活動

❶ 分享海報上繪畫的內容。

❷ 將上一堂課的照片貼於課本中（p.12）的相框裡。

延伸活動：

＊器樂合奏與律動

將幼兒分成兩組：A 組進行肢體律動——花仙子之舞（同前一單元）。
B 組敲奏樂器。

需要的教材教具：

❶ CD 音響。

❷ 音樂 CD：同前一堂課。

❸ 指揮棒。

❹ 音響圖形海報（可參考幼兒課本 p.10～11）。

❺ 大型海報紙數張（依幼兒人數而定）。

❻ 彩色筆數盒。

筆記欄

單元 7

我是一隻小小鳥

活動目標：

❶ 培養幼兒感受音樂的旋律、節奏與力度的能力。
❷ 增進幼兒肢體即興表演能力。
❸ 利用音樂律動促進幼兒大小肌肉的協調性。

設計理念：

藉由「杜鵑圓舞曲」這首歌曲模仿杜鵑鳴叫的特殊節奏，讓幼兒感受跳音（3度音程），並透過鳥的扮演、戳戳樂遊戲，讓幼兒體驗活動的樂趣，增進音樂欣賞能力。

＊注意事項：本單元可分成 2～3 次來進行。

活動過程：

引起動機

❶ 和幼兒討論鳥的基本生活習性與型態。

❷ 拿出各式不同鳥類的圖片，與幼兒討論鳥的動作，如鳥在飛翔、鳥在睡覺、鳥在孵蛋……，當貓出現時，小鳥是否非常害怕，會很快的躲起來……。

❸ 老師可依音樂（見需要的教材教具音樂CD——小鳥店）來編一段故事。讓幼兒一邊聆聽歌曲，一邊了解樂曲架構。

活動一／音樂遊戲——肢體模仿（貓與小鳥）

老師配合音樂（見需要的教材教具音樂 CD——小鳥店），引導幼兒盡情的展現出小鳥飛舞的肢體動作（如引起動機中所敘述），在音樂後段出現貓叫聲時，請幼兒隨著快速的節奏趕快將身體蹲下、縮小，讓貓看不見（老師可扮演貓去追幼兒）。

肢體動作模仿（一）

貼心小叮嚀

✿老師可以利用一些小道具或於教室佈置情境，讓幼兒能有身臨其境的感受。

✿利用事先畫好的音樂繪圖來引導幼兒動作的模仿，並與幼兒討論樂曲播放過程中主角（貓與小鳥）的互動……。

肢體動作模仿（二）

活動二／創造性肢體律動——我是一隻小小鳥

❶ 播放「杜鵑圓舞曲」這首曲子（見需要的教材教具），並請幼兒仔細聆聽樂曲中杜鵑鳥的叫聲。

❷ 請幼兒隨著音樂做出鳥的各種姿態，老師可在旁邊敘述一段簡短的話語，協助幼兒扮演鳥的角色，例如鳥媽媽帶著一

道具

群小小鳥們，飛翔在廣闊森林的情境。

❸ 紙上作業：老師發給幼兒彩色筆，請幼兒將課本（p.37）的小鳥面具拆下著顏色。

❹ 發給每位幼兒一雙用袖套做成的鳥翅膀（將袖套下方綁上流蘇狀的細塑膠繩）或彩帶，依序戴上小鳥面具，讓幼兒隨著音樂節奏跳出小鳥的舞姿（如：跳音的部分請幼兒學小鳥跳），並熟悉此首曲子。

貼心小叮嚀

待幼兒將面具著色後，請老師幫忙幼兒將小鳥面具穿上橡皮筋後，戴在臉頰上來扮演小鳥。

活動三／跳音——好玩的戳戳樂

❶ 老師拿出自製童玩「戳戳樂」，與幼兒討論「戳戳樂」的玩法。

戳戳樂

❷ 播放「杜鵑圓舞曲」這首曲子。

❸ 讓幼兒聆聽並注意當音樂出現跳音時，在戳戳樂洞上戳一個洞。

❹ 4 個幼兒為一組，發給一盒約 30 格戳洞的「戳戳樂」，引導幼兒聽到跳音時往下戳一個洞。

好玩的戳戳樂

❺ 藉由戳洞的過程，讓幼兒感受跳音（利用樂曲中大 3 度音程，模仿布穀鳥叫聲時做戳洞的動作）。

自製戳戳樂（一）

自製戳戳樂（二）

貼心小叮嚀

✿老師自製童玩「戳戳樂」時，需注意戳洞用的紙張不宜太厚，讓幼兒能快速的在紙張上戳洞。

✿請注意童玩店的「戳戳樂」紙張不易戳破，且內藏的玩具有些並不適合小班的幼兒，為避免危險，希望老師可以自製「戳戳樂」。

活動四／器樂合奏——敲敲鳥

❶ 上述活動結束後，發給每位幼兒一個手響板，引導幼兒聆聽整首曲子，聽到模仿布穀鳥叫聲時（跳音：大 3 度音程），即用手響板敲打於重拍上。

手響板

❷ 請幼兒戴上翅膀袖套並拿手響板，結合舞蹈與樂器敲奏，老師帶領幼兒隨著整首曲子翩翩起舞，聽到跳音時（大 3 度音程），加上手響板的敲打。

結束活動

請幼兒翻開課本（p.13），看看小魔女跳舞的姿態，和幼兒討論今天扮演過這麼多鳥的飛舞姿態，最喜歡的是哪個動作，並由老師做總結。

延伸活動：

可播放或彈奏一些有跳音的曲子讓幼兒聆聽，感受跳音與圓滑音的不同。

需要的教材教具：

❶ CD 音響。

❷ 音樂 CD：⑴「大眾名曲——世界名曲Ⅰ」，*小鳥店（In a Bird Store）*，第 3 首。台北：聯記唱片。
⑵「大眾名曲——世界名曲Ⅰ」，*杜鵑圓舞曲（Cuckoo Waltz）*，第 2 首。台北：聯記唱片。

❸ 樂器：手響板數個。

❹ 數盒戳戳洞玩具（可參考童玩店的實物）。

❺ 自製翅膀袖套數個或彩帶數條。

❻ 彩色筆數盒。

杜鵑圓舞曲

(Cuckoo Waltz)

姚那遜（J. E. Jonasson 1886～1956）

附錄二：

杜鵑圓舞曲

（姚那遜 J. E. Jonasson 1886～1956，挪威）

此首杜鵑圓舞曲分為三段，前奏是利用長笛與雙簧管來模仿杜鵑的叫聲，接著是輕快活潑的圓舞曲形式的樂段，由小提琴與手風琴來描繪出杜鵑的鳴啼。隨著而來的中段則表現出杜鵑的飛舞與歌唱……，活潑輕快的曲風相當引人入勝，讓人不知不覺中也想跟著杜鵑鳥婆娑起舞。

筆記欄

單元 8

魔幻華爾滋

活動目標：

❶ 透過活動介紹華爾滋的舞曲。
❷ 引導幼兒感受樂曲 3 拍子的旋律並體驗舞蹈的樂趣。
❸ 提升節奏感及肢體協調能力與增進同儕間的互動。

設計理念：

讓幼兒感受華爾滋舞曲中強、弱、弱的節拍，並隨著自由舞動的身體，體驗華爾滋華麗、簡單的舞步，享受跳舞的樂趣，並增進人際關係。

＊注意事項：本單元可分成 2～3 次來進行。

活動過程：

引起動機／肢體開發

❶ 老師帶領幼兒做一些簡易的肢體暖身動作，例如伸展與收縮……（老師可播放前一單元——小鳥店的曲子，利用音樂遊戲讓幼兒暖身）。

❷ 老師播放「巴哈小步舞曲」（見需要的教材教具）讓幼兒聆聽欣賞，並請幼兒翻開課本（p.14），欣賞小魔女的舞姿。

❸ 老師引導幼兒仔細聆聽音樂中的節奏與旋律，帶領幼兒拍出【♩（拍手）♩（拍腿）♩（拍腿）】來感受 3 拍子的節拍。

活動一／創造性肢體律動——小小舞蹈家

❶ 將幼兒分成兩個人一組，讓幼兒隨著音樂舞動出 3 拍子的節奏。

小小舞蹈家（一）

❷ 步驟：兩個幼兒雙手手牽手面對面，隨著節奏：走一拍停 2 拍【𝅗𝅥. ————】。

小小舞蹈家（二）

❸ 老師手拿鈴鼓，當敲出鈴鼓聲時【𝅗𝅥.~~~~~~~~~~】，幼兒可以交換舞伴。

貼心小叮嚀

老師可以依幼兒能力教學或以 6 拍為一單位，走一拍停 5 拍，並利用三角鐵敲出第一拍的節奏【𝅗𝅥. 𝅗𝅥.】。

面具

活動二／化妝舞會——造型遊戲

❶ 將幼兒分成男女兩組，小女生穿上用垃圾袋做的蓬蓬裙，小男生則打扮成不同的造型。

舞裙

❷ 教小男生紳士敬禮的動作，小女生做拉裙子敬禮的動作，接著請兩人雙手手牽手，隨著音樂來跳華爾茲（每 6 拍走一步即可），當老師拍打鈴鼓時，幼兒交換舞伴。

貼心小叮嚀

老師可以將此單元改編，加入布景、道具、燈光……成為表演性的活動或節目表演。

化裝舞會（一）

結束活動

❶ 教小男生及小女生做謝舞的動作，結束今天的活動。

❷ 紙上作業：服裝設計——發給幼兒小亮片或不同顏色的圓形小貼紙，請幼兒為課本（p.15）小魔女們的衣服與帽子裝扮造型（貼上小亮片或圓形貼紙）。

化裝舞會（二）

延伸活動：

在課堂與課堂間，尤其是靜態活動結束後，可以播放此曲讓幼兒舞動舒展身心。

需要的教材教具：

❶ CD 音響。

❷ 音樂 CD：「小不點・小古典 II」，*巴哈的小步舞曲*，第 36 首。台北：樂石文化製作；聚藝文化發行。

❸ 樂器：三角鐵、鈴鼓。

❹ 小蓬蓬裙與衣服（現成或是用垃圾袋來製作皆可）。

❺ 小亮片（手工藝用品社可購得）及白膠。

❻ 圓形小貼紙（文具店可購得）。

附錄：樂譜

小步舞曲

巴哈（J. S. Bach 1685～1750）

單元 9

神奇魔法棒

活動目標：

❶ 提升幼兒對音樂的感受力與創造能力。
❷ 增進幼兒對上行音及下行音的概念。
❸ 培養幼兒大肌肉動作的伸展、收縮等反應能力。

設計理念：

本單元活動利用玩偶道具與音樂遊戲，來增加幼兒的專注與好奇心，藉由聽覺與視覺的效果，引導幼兒感受樂曲的上行音與下行音，隨著肢體的動作模仿，展現幼兒的創造力與想像力，進而了解樂曲的架構。

活動過程：

引起動機

❶ 老師利用長頸鹿杯偶慢慢升起，向幼兒問好並介紹自己（杯偶）。

長頸鹿杯偶與音樂圖形

❷ 當杯偶出來時，請幼兒拍手，當杯偶慢慢從杯中出來愈升愈高時，幼兒拍手的聲音就愈大聲；反之，當杯偶慢慢下降回到杯中時，幼兒的拍手聲就

愈小聲，讓幼兒以自己的掌聲與視覺來感受旋律的上行與下行、漸強與漸弱。

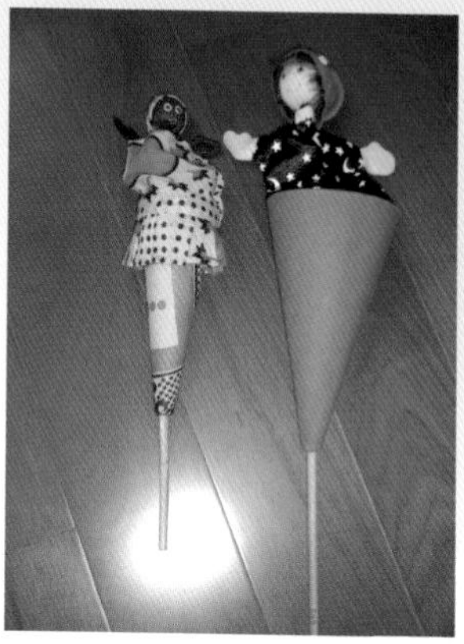

杯偶（一）

活動一／肢體遊戲——上行與下行、漸強與漸弱

❶ 老師在地上擺數個呼拉圈（代表紙偶杯）。

❷ 幼兒當杯偶，每位站入一個呼拉圈中，老師引導幼兒聽到鼓聲時，以肢體做出站起來、蹲下去的動作；當老師以鼓敲出漸強與漸弱的聲音時，請幼兒學杯偶隨著漸強與漸弱的敲擊，利用肢體做出升起、縮回的動作。

❸ 老師利用鐘琴敲奏上行音與下行音，請幼兒學杯偶，肢體做出升起、縮回的動作。

杯偶（二）

活動二／創造性肢體律動——杯偶舞

❶ 老師播放音樂（見需要的教材教具），以杯偶引導幼兒聆聽音樂，並配合歌曲的旋律表現出樂曲的形式：前奏、上行音、下行音、尾奏……（如：聽到旋律音上行時，將杯偶伸出來；旋律音下行時，將杯偶縮回杯中……）。

創造性肢體律動

貼心小叮嚀

老師可以利用手偶或手指偶，套在幼兒的手上，與老師一起進行活動來增加趣味性。

❷ 老師帶領幼兒利用肢體來表現曲式，做出「高水平（身體往上伸展之姿勢）」、「中水平（半蹲之姿勢）」、「低水平（身體趴下之姿勢）」的舞蹈動作，如，聽到音樂上行音的部分則身體往上伸展，下行音時身體則往下伸展……，請幼兒依老師的指引，配合歌曲進行律動遊戲。

手指偶（一）

手指偶（二）

貼心小叮嚀

老師可以利用彩色的大透明絲巾，罩在幼兒的身上，經由絲巾看到老師的動作並模仿，增加趣味性與肢體的動作延展性。

活動三／音響圖形——飛天小魔女

❶ 老師播放音樂，並製作大型音響圖形海報（請參考幼兒課本 p.16～17）。

❷ 老師手指大海報的音響圖形，請幼兒伸出食指，配合音樂，跟隨老師在空中指出圖形上下行的變化。

❸ 請幼兒拿著小魔女書籤在課本（p. 16～17）的音響圖形上，隨著音樂的上、中、下行音飛行。

飛天小魔女（一）

飛天小魔女（二）

❹ 請兩位幼兒蹲著拉一條直線或長絲巾，由其他幼兒扮演小魔女，聽到上行音時要站起來（身體高於長絲巾）；聽到下行音時，幼兒可彎腰蹲下（身體低

於長絲巾）……。

結束活動

紙上作業：請幼兒翻開課本（p.16～17），發給幼兒每人一枝彩色筆，讓幼兒一邊聆聽音樂並試著沿虛線畫出線條（音樂的旋律圖形）。

可愛的毛毛蟲

延伸活動：

小小音樂劇——「毛毛蟲的一生」

請幼兒彎腰蹲下來當毛毛蟲，並用絲巾蓋住身體，老師播放音樂，幼兒聆聽音樂並模仿毛毛蟲的動作，如：當聽到上行音的旋律時可挺直身體；聽到下行音的旋律就蹲下來……；旋律再往更低音下行時，身體趴下……，最後一段（Coda）毛毛蟲變成蝴蝶飛往花園中了……。

毛毛蟲的一生（一）

毛毛蟲的一生（二）

需要的教材教具：

❶ CD 音響。

❷ 音樂 CD：「大眾名曲 II」，***中國舞（Danse Chinoise）***，第 18 首。台北：聯記唱片。

❸ 杯偶（可自製）。

❹ 彩色筆數盒。

❺ 透明大絲巾數條。

❻ 手偶與手指偶數個。

單元10

天鵝湖

活動目標：

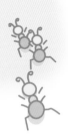

❶ 增進幼兒認識天鵝的外型特徵及肢體型態。
❷ 培養幼兒對音樂的感受力。
❸ 啟發幼兒對音樂的表現能力與肢體模仿能力。

設計理念：

藉由幼兒愛聽故事的天性，來認識柴可夫斯基所創作的浪漫又唯美的音樂芭蕾舞劇故事「天鵝湖」。讓幼兒透過音樂欣賞的過程，感受「天鵝湖」中天鵝公主優美的姿態與動作。

活動過程：

引起動機

❶ 拿出天鵝各種姿態的圖片，並討論牠的外型特徵，再請幼兒表演。如：頭抬很高代表天鵝的長脖子；雙手張開代表天鵝展開翅膀……。

❷ 幼兒做出天鵝的動作，一邊做動作一邊圍成圈圈坐下來。

音樂故事

天鵝湖的故事（一）

天鵝湖的故事（二）

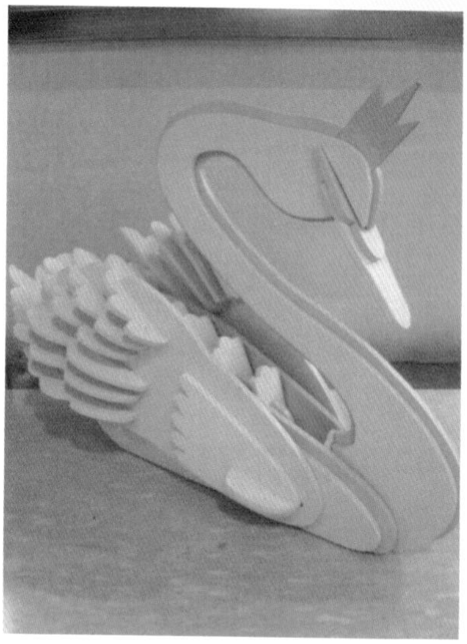
天鵝公主

活動一／音樂故事——「天鵝湖」

❶ 老師述說「天鵝湖」的故事（可用天鵝湖的故事書）。

❷ 播放天鵝湖的音樂——「情景」（見需要的教材教具）讓幼兒欣賞，重複補充故事內容讓幼兒加深印象，一起討論劇中情節（課本 p.18）。

活動二／創造性肢體律動——美麗的小天鵝

❶ 和幼兒討論故事情節及聆聽音樂的感覺。

❷ 老師指導幼兒想像天鵝游泳或飛翔的動作，並請幼兒運用肢體模仿出來。

❸ 老師帶領幼兒，隨著天鵝湖的音樂舞動（如：王子和朋友跳完舞後，發現了在湖邊的天鵝之情景，美麗、高貴又典雅的天鵝，正伸展著典雅的舞姿……）。

❹ 老師發給幼兒各種不同顏色的絲巾，讓幼兒自由的隨著音樂舞動，做出各種不同姿態、不同風情的天鵝。

美麗的小天鵝

活動三／藝術創作——小天鵝

❶ 老師發給每個小朋友一張或兩張衛生紙，播放音樂，請幼兒隨音樂的樂句將衛生紙撕成一長條形（樂句的感受）。

肢體律動——天鵝舞（一）

❷ 讓幼兒跟隨著音樂樂句，將衛生紙撕下並往上拋，如天鵝的羽絨像雪花般緩緩落下……。

❸ 請幼兒翻開課本（p.19），老師幫忙在天鵝身上塗上膠水後，請幼兒將撕下的衛生紙片貼於天鵝的身上。

肢體律動——天鵝舞（二）

貼心小叮嚀

利用撕衛生紙的動作來增加戲劇效果，如：天鵝的羽絨因為跳舞而緩緩飄落……，其用意是以撕紙的動作來感受音樂的樂句。

天鵝的羽毛

結束活動

請幼兒回家時，說「天鵝湖」的故事給爸爸媽媽聽。

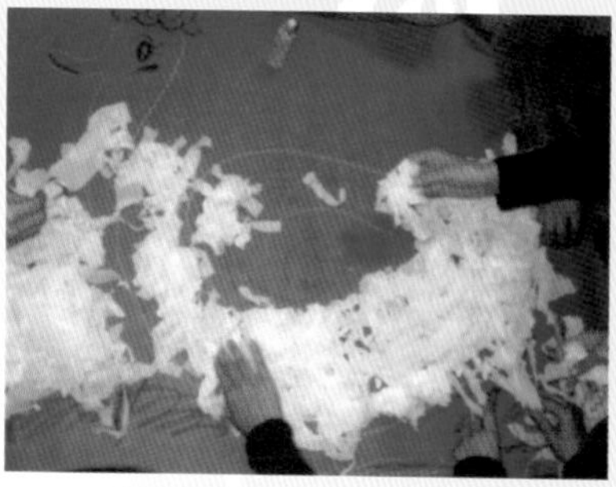

美麗的天鵝（一）

延伸活動：

❶ 音樂藝術創作——美麗的天鵝
老師拿出一張大壁報紙，並在壁報紙上畫出一隻天鵝，讓幼兒聆聽音樂，並將地上剩下的衛生紙貼在天鵝的身上，老師可將完成作品張貼在教室。

美麗的天鵝（二）

❷ 手指踢踏舞——「小天鵝之舞」
老師可利用音樂「小天鵝之舞」（見需要的教材教具），帶領幼兒用雙手的食指和中指在桌上或椅子上跳「手指踢踏舞」。

美麗的天鵝（三）

貼心小叮嚀

✿手指踢踏舞——教師可在幼兒雙手的食指和中指指腹，用膠帶貼上一塊錢，請幼兒於桌上或椅子上來運作，產生踢踏聲，如同跳踢踏舞般。

✿可以將鈴噹綁在手腕上來增加音效。

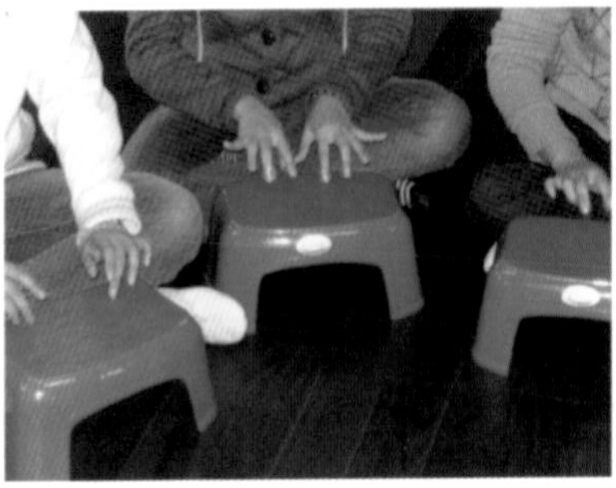

手指踢踏舞（一）

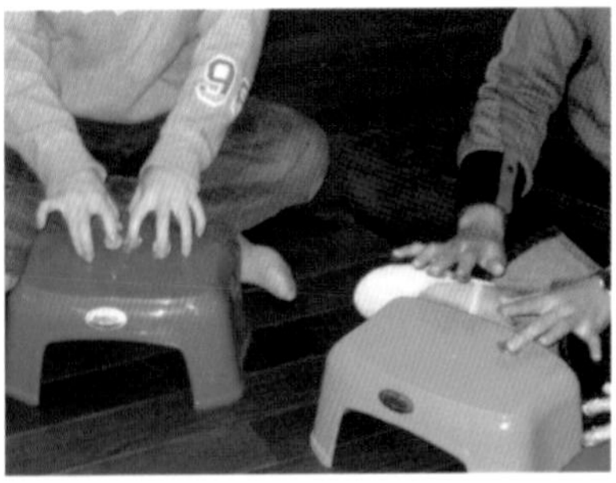

手指踢踏舞（二）

需要的教材教具：

❶ 參考書籍：《世界音樂童話繪本 3》，***天鵝湖***。台北：台灣麥克。

❷ CD 音響。

❸ 音樂 CD：⑴「世界音樂童話繪本 3——天鵝湖」，***情景（Scène）***，第 14 首。台北：台灣麥克。
⑵「世界音樂童話繪本 3——天鵝湖」，***小天鵝之舞（Dances des Cygnes）***，第 15 首。台北：台灣麥克。

❹ 抽取式衛生紙數包。

❺ 膠水。

附錄一：故事

天鵝湖的故事

（摘自 《世界音樂童話繪本 3》「天鵝湖」，台灣麥克）

很久很久以前，在一個遙遠的國度裡，住著一位高貴的女王和他的王子——齊格菲，但女王一天天的老了，想把王位傳給即將成年的王子。

女王將為王子舉辦一場選妃舞會，就在舉行舞會的前一晚，王子來到了一個湖邊，原來這就是傳說中的「天鵝湖」。

月光下，湖邊出現許多隻天鵝，一瞬間一隻隻的天鵝都化成了一位位美麗的少女，其中有位頭戴皇冠、身著閃耀如珍珠般光澤的白長袍，彷彿如落入凡間仙子般美麗的女子，王子見了立刻愛上了她，馬上趨前詢問，原來這位美麗的女子是鄰國奧黛特公主，因被惡魔羅斯伯特施了魔法，變成了一隻天鵝，只有在午夜12點之後，才能變回人身，若想解救公主，唯有真愛才能解除魔法。

王子誓言對公主的愛是出自一片真心，決定於舞會當天宣佈娶公主為妻，並請公主於舞會當天出現，但此計畫被惡魔羅斯伯特識破，羅斯伯特決定於當天設法破壞。

舞會當天，王子苦苦等候奧黛特公主的到來，這時惡魔羅斯伯特帶著他的女兒奧黛兒所變成的奧黛特公主出現，王子誤將奧黛兒視為奧黛特公主，並於當下立誓娶奧黛兒，此時在窗外的奧黛特公主傷心的離去，王子得知受騙後，立即前往森林尋找奧黛特公主。

當王子得知只要傷害惡魔羅斯伯特，奧黛特公主將同時被毀滅，因此帶著奧黛特公主一起投入河中，惡魔羅斯伯特終究敵不過齊格菲王子與奧黛特公主的真愛而消失不見，化成一縷青煙，王子和公主從此過著幸福的生活。

附錄二：樂譜（一）

天鵝湖——情景

柴可夫斯基（P. I. Tchaikovsky 1840～1893）

天鵝之舞

柴可夫斯基（P. I. Tchaikovsky 1840～1893）

單元11

魔幻西班牙

活動目標：

❶ 從活動中聆賞西班牙的樂曲風格與文化風情。
❷ 培養幼兒的專注力與傾聽的能力。
❸ 增進幼兒音樂欣賞的能力及藝術情操。
❹ 提升肢體模仿能力與創意思考能力。

設計理念：

由於「地球村」的觀念，讓大家感受到世界各地不同的藝術文化，於是音樂欣賞課程中，安排了不同國家的樂曲風格，希望能開擴幼兒的視野。這次以西班牙為主軸，介紹鬥牛士進行曲，讓幼兒了解西班牙「鬥牛」的文化與特色。

活動過程：

引起動機

老師講述西班牙鬥牛士的故事及鬥牛時為何需要用大紅布的由來。

大紅布

活動一／音樂欣賞——「鬥牛士進行曲」

❶ 老師播放「鬥牛士進行曲」讓幼兒欣賞，並允許幼兒擺出自己最舒服的姿勢來聆聽樂曲。

我是鬥牛（一）

❷ 介紹西班牙鬥牛、鬥牛士的圖片與服裝，老師並拿出自製的鬥牛服裝（將垃圾袋剪成三個洞，讓幼兒套上後可伸出頭跟手，並請幼兒雙手在頭上比出牛角的模樣）。

我是鬥牛（二）

❸ 鬥牛遊戲：老師播放音樂，手拿一塊紅色的布，並示範如何鬥牛，邀請一位幼兒當鬥牛，往紅布的方向衝。

活動二／創造性肢體律動——小小鬥牛士

老師配合歌曲曲式描述內容，如下：

：A：A 段（反覆 2 次）——鬥牛士進行鬥牛的動作。
B 段——鬥牛士在休息、牛群一起跳舞。
A 段——鬥牛士進行鬥牛的動作。
間奏
C 段（反覆 2 次）——鬥牛士和牛群一起跳舞。
A 段——鬥牛士進行鬥牛的動作。
Coda——鬥牛士勝利了。

鬥牛舞

小小鬥牛士（一）

貼心小叮嚀

✿老師須注意教室的空間大小與障礙物的移除，避免幼兒碰撞跌倒。

✿使用顏色膠帶貼於地板上做為標示，來引導幼兒（當鬥牛的幼兒）衝撞時的動作控制。

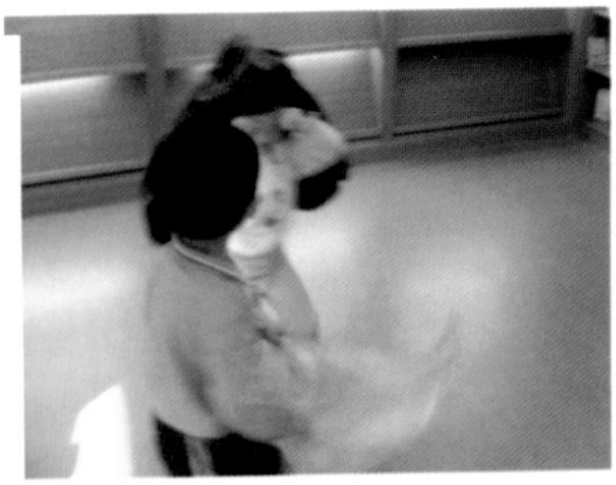

小小鬥牛士（二）

小小鬥牛士（三）

結束活動

❶ 再次請幼兒聆聽並討論「鬥牛士進行曲」樂曲的活動內涵。

❷ 紙上作業：彩繪鬥牛——翻開課本（p. 20），請幼兒幫小魔女變成的鬥牛著上顏色。

延伸活動：

將幼兒分成兩組：

a 組：發給幼兒每個人 2 個手響板，隨著音樂敲擊固定伴奏。

b 組：進行創造性肢體律動——「小小鬥牛士」的表演。

需要的教材教具：

❶ CD 音響。

❷ 音樂 CD：「大眾名曲」，*鬥牛士進行曲（Toreador's March）*，第 13 首。台北：聯記唱片。

❸ 大紅布。

❹ 鬥牛騎士服裝的圖片。

❺ 樂器：手響板。

附錄：關於西班牙鬥牛的由來

西班牙擁有豐富的傳統文化、現代藝術及有貢獻的畫家，如米羅（Joan Miro）、葛利斯（Juan Gris）及畢卡索（Pablo Picasso）、達利（Gala-Salvador Dali）皆出自於西班牙，而最著名的文化代表則是鬥牛與佛朗明哥舞蹈。鬥牛是源於西班牙古代的宗教活動，到了 18 世紀中葉才演變成正式的鬥牛競技活動，英勇的鬥牛士身著傳統華麗的服飾，手持紅巾與長劍來招引牛。喜歡看鬥牛的人都認為，凡是紅的東西都會使牛生氣，其實牛根本沒有辨別顏色的能力，那是因為斗篷的搖動，而不是斗篷的顏色，事實上使用任何顏色的布或斗篷來招引牠，一樣能獲得牛的反應，但為了達到視覺效果與戲劇性，通常都選用紅布來鬥牛。

單元 12

偉大的媽媽

活動目標：

❶ 讓幼兒了解母親節的意義。

❷ 從活動中讓幼兒體驗媽媽照顧小孩、抱小孩的辛苦與偉大。

❸ 增進親子間情感的交流。

❹ 藉由創造性肢體律動來感受音樂的節奏。

設計理念：

現今的社會相當重視親子關係的增進與培養，本單元藉由母親節的到來，利用音樂活動讓幼兒體驗媽媽照顧小孩、抱小孩的辛苦與偉大，感受母親照顧、教養他們的辛勞，希望培育幼兒一顆感恩的心，日後長大懂得回報母恩。

貼心小叮嚀

✿此活動須於事前請每位幼兒自備一個玩具娃娃或布偶。

✿此單元與下一單元可於母親節前一週完成，讓幼兒能於母親節當天送給媽媽自製的卡片。

活動過程：

引起動機

和幼兒討論、回想他們小時候媽媽是如何照顧（抱著）他們，並請幼兒來表演與示範（見幼兒課本 p.21）。

偉大的媽媽

活動一／肢體律動——我是媽媽

❶ 老師拿出一個嬰兒的娃娃，並示範如何抱它。

❷ 請幼兒拿起自己的玩具娃娃或布偶，模仿媽媽抱嬰兒（小時候的自己）的方式。

❸ 老師播放音樂（見需要的教材教具），引導幼兒抱著嬰兒聆聽音樂，並隨著音樂的節奏擺動身體。

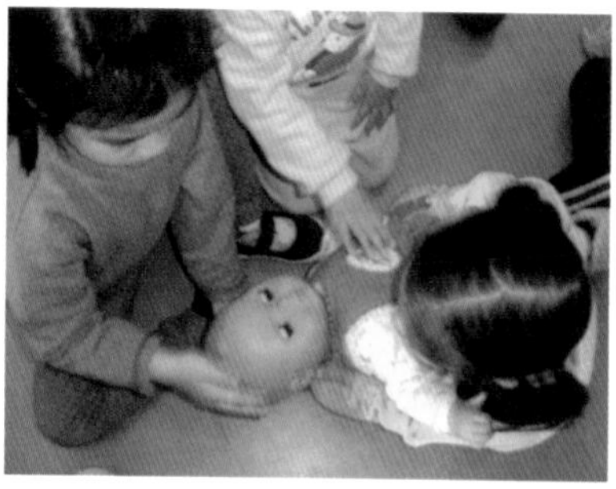
我的小寶貝（一）

貼心小叮嚀

老師可以利用音樂引導想像，讓幼兒想像自己襁褓中的嬰兒，溫柔的看著胸前的娃娃，體驗當媽媽的感覺。

活動二／童韻——「母親節」

❶ 老師先唸一遍「母親節」這首童韻（見附錄）給幼兒聽。

我的小寶貝（二）

❷ 和幼兒討論歌詞的內容，如：我們從哪裡來？我們在媽媽的肚子慢慢長大後被生下來……。

❸ 老師帶領幼兒跟著複誦。

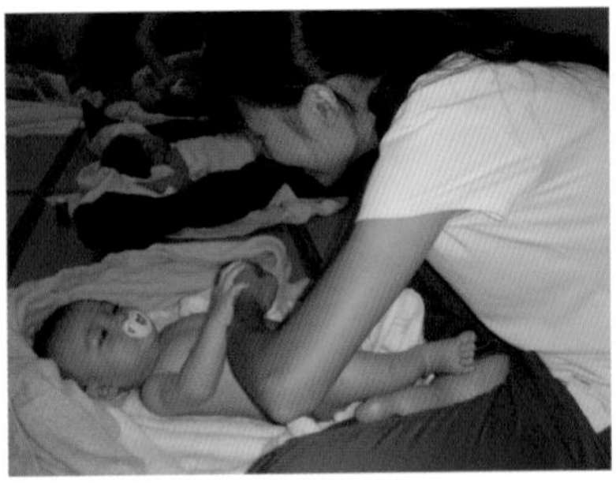
嬰兒的時代（一）

活動三／兒歌——肢體律動「母親節」

❶ 老師配合歌曲的播放（見需要的教材教具），帶領幼兒跟著哼唱。

❷ 老師可自編肢體動作，請幼兒一邊唱兒歌一邊做動作。
範例：

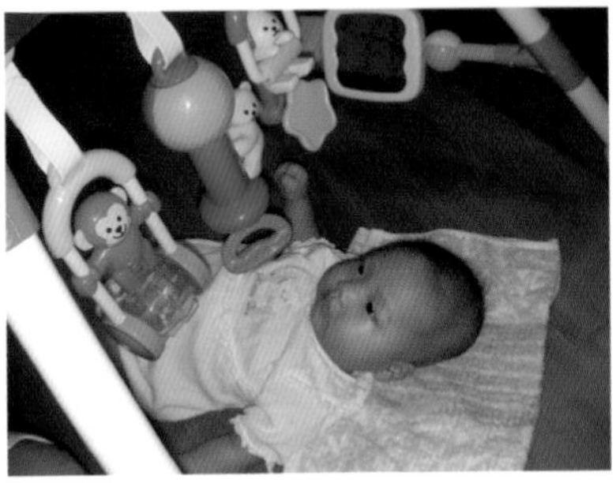
嬰兒的時代（二）

母親節

歌詞：嬰兒的時代
（動作——手抱嬰兒狀）

歌詞：佇你腹肚內
（動作——手在肚子前畫圓比出大肚子狀）

歌詞：媽媽你是我的世界
（動作——以手語比出媽媽：食指劃過臉頰後比出小指；
我的世界：可用雙手畫大圓）

歌詞：自細漢以來
（動作——伸出右手在自己額頭前輕壓兩下，表示年紀小）

歌詞：佇我心肝內
（動作——雙手伸出拇指與食指在胸前合成心形）

歌詞：媽媽你是我的最愛

（動作——以手語比出媽媽：食指劃過臉頰後比出小指；
我的最愛：可將雙手放在胸前）

結束活動

紙上作業：❶ 請幼兒翻開課本（p.22）幫幼時的小魔女著上顏色。
❷ 請幼兒回家後找一張與媽媽合照的相片（下一單元活動用）。

貼心小叮嚀

此用意將為下一單元——「媽媽的禮物」活動做準備，為預防幼兒忘記，老師可以寫聯絡簿通知家長或發一張備忘單交給媽媽。

延伸活動：

器樂敲奏——待幼兒熟悉後，請幼兒在每一樂句的第一拍，加上三角鐵來敲奏。

需要的教材教具：

❶ CD 音響。

❷ 音樂 CD：「囝仔詩系列——台灣節日童謠」，***母親節***，第 8 首。台南：開朗雜誌事業有限公司。

❸ 建議參考書籍：《囝仔詩系列——台灣節日童謠》，***母親節***，第 8 首。

台南：開朗雜誌事業有限公司。

❹ 樂器：三角鐵、碰鐘。

附錄：歌曲

母親節

詞曲：林心智

= 116
嬰兒的時代，佇你腹肚內，
媽媽你是我的世界。
自細漢以來，佇我心肝內，
媽媽你是我的最愛。

筆記欄

單元 13

媽媽的禮物

活動目標：

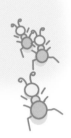

❶ 培養幼兒感恩母親的心。
❷ 從活動中體驗自製卡片的樂趣與成就感。
❸ 增進幼兒的藝術審美能力。
❹ 增加幼兒的自信心、滿足感與親子間的互動。

設計理念：

透過上一單元「體驗媽媽抱嬰兒」的活動，讓幼兒在感受媽媽的辛勞後，本單元將請幼兒自己動手製作一份禮物，在母親節時親自送給媽媽表示感恩。

活動過程：

引起動機

讓幼兒聆聽、複習上一單元的兒歌「母親節」。

活動一／分享時間——我和我的媽媽

請幼兒輪流分享自己手中和媽媽合照的相片（於活動前請幼兒帶一張和媽媽的合照），並鼓勵幼兒分享與試著述說相片中的情境。

媽媽與我（一）

媽媽與我（二）

貼心小叮嚀

老師盡量鼓勵幼兒分享相片裡的故事，幫助幼兒語言表達能力與思考能力，和幼兒談話時表現出尊重、耐心，適時的給予鼓勵增進其信心。

亮片

活動二／藝術創作（相框）——媽媽的禮物

❶ 老師播放音樂（見需要的教材教具）。

❷ 紙上作業：請幼兒翻開課本（p.39）的相片黏貼紙卡，將卡片拆下後，把帶來的相片貼在上面，可做成立型相片框架。

❸ 老師發給幼兒不同大小與顏色的亮片及圓形貼紙數張（或事先剪好的通草），將貼紙貼於框框的周邊，並自行設計卡片的造型。

❹ 和幼兒討論將卡片送給媽媽時可以說什麼話，並請幼兒回家（母親節時）把卡片送給媽媽〔課本（p.23）〕。

貼心小叮嚀

老師可以利用材料行的亮片或亮光膠水、圖形印章、貼紙、色筆、豆子、鈕釦、不同顏色的通草……等等資源，讓幼兒創作卡片的周邊造型，增進幼兒的創意表現。

結束活動

❶ 請幼兒翻開課本（p.23），看看可愛的小魔女送給媽媽什麼禮物。

❷ 下一堂課和幼兒分享媽媽收到卡片時媽媽的回應、心情、表情，或是自己送卡片時的心情和感覺……。

通草

媽媽的禮物

延伸活動：

器樂合奏——加入不同樂器來伴奏兒歌「母親節」。

需要的教材教具：

❶ CD 音響。

❷ 音樂CD：「囝仔詩系列——台灣節日童謠」，***母親節***，第8首。台南：開朗雜誌事業有限公司。

❸ 參考書籍：《囝仔詩系列——台灣節日童謠》，***母親節***，第8首。台南：開朗雜誌事業有限公司。

❹ 卡片材料：不同大小與顏色的圓形貼紙數張、亮片或亮光膠水、圖形印章、貼紙、色筆、豆子、鈕釦、不同顏色的通草……。

❺ 膠水。

單元 14

魔法戰爭

活動目標：

❶ 從童韻與圖片中認識蝌蚪演化的型態與特徵。
❷ 分辨各種日常物品所發出來的不同音響。
❸ 讓幼兒利用克難樂器來體驗合奏的樂趣。

設計理念：

從活動中引導幼兒探索日常生活用品發出聲音的不同，進而利用這些物品當成克難樂器來進行器樂合奏，幫助幼兒聽覺能力的辨識，並增進幼兒的創造力與節奏感，體會聲音與節奏的變化。

活動過程：

引起動機

老師準備數種不同日常物品，再請每個小朋友仔細聽它所發出的聲音，並介紹它的名稱（如玩具槌、鐵湯匙、玻璃瓶、長管子、鍋子……）。

活動一／聲音聽辨——猜猜我是誰（克難樂器的介紹）

A 活動

❶ 待幼兒熟悉這些物品的聲音後，請小朋友背對著老師。

❷ 由老師輪流敲出不同的音響，讓小朋友說出正確的物品名稱。

❸ 玩過幾次後，將幼兒分成兩組，日常用品也各分成兩組。

❹ 讓兩組幼兒背對背坐著，老師將兩組物品隨意的發給兩組的幼兒。

❺ 當一組的幼兒敲出玩具槌聲，另一組拿玩具槌的幼兒也要敲出相同的聲音。

玩具槌（一）

玩具槌（二）

聲音聽辨

B 活動

❶ 老師選擇 5 種不同物品（克難樂器）藏在布後面，另一組相同的物品放在呼拉圈內。

❷ 老師一次敲擊 2 種不同的音響（如：鍋子、玻璃瓶），請幼兒至呼拉圈依照所聽到的音響敲擊出這 2 樣聲音。

❸ 老師亦可以徵求幼兒輪流當敲擊物品的人。

克難樂器（一）

克難樂器（二）

活動二／童韻——「小小蝌蚪」

❶ 拿出蝌蚪的圖片讓幼兒觀察其型體及演化過

程，並請幼兒發表。如：頭圓圓的、有條長尾巴……。

❷ 請幼兒隨著老師唸一遍童韻，待幼兒熟悉後，配合肢體節奏，帶領幼兒唸出「小小蝌蚪」這首童韻。

❸ 老師分發給幼兒之前介紹的生活物品（克難樂器），引導幼兒以頑固伴奏之方式唸童韻——「小小蝌蚪」。

結束活動

紙上作業：翻開課本（p.24），數數看有幾種不同的克難樂器。

延伸活動：

＊童韻合奏——「小小蝌蚪」（頑固伴奏）

請幼兒回家選一項在日常生活中可以發出聲音的物品，下週帶來學校。如：洗衣板、垃圾桶……。

需要的教材教具：

❶ 選擇日常物品約 5 種：玩具槌、鐵湯匙、玻璃瓶、長管子、鍋子各兩組……。

❷ 呼拉圈、布。

❸ 蒐集其他可發出聲音的 5 種日常生活用品。

小小蝌蚪

童韻：吳幸如

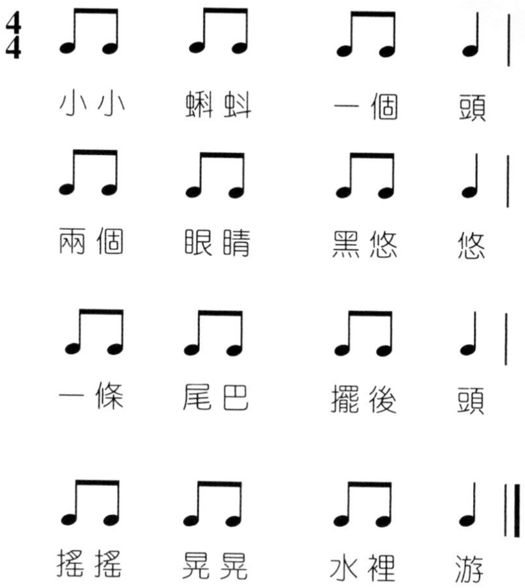
4/4
小小 蝌蚪 一個 頭
兩個 眼睛 黑悠 悠
一條 尾巴 擺後 頭
搖搖 晃晃 水裡 游

單元 15

魔法 DIY 沙鈴

活動目標：

❶ 體驗動手做樂器的樂趣並增進幼兒的自信心。
❷ 經由童韻與樂器的合奏增進同儕間的互動。
❸ 增進幼兒的專注力與肢體協調能力。
❹ 培養幼兒的節奏感與拍子的穩定度。

設計理念：

讓幼兒知道樂器亦可以自己動手做，藉由製作過程增進專注力與自我效能感，利用自製的樂器──「沙鈴」搭配曲子來敲奏簡單的節拍，體驗自製樂器伴奏童韻的樂趣。

活動過程：

引起動機

❶ 老師和幼兒分享由家中帶來的日常生活物品。

❷ 利用克難樂器進行童韻的伴奏（頑固伴奏）。

活動一／童韻──「小小蝌蚪」

❶ 帶領幼兒唱童韻：「小小蝌蚪」（見附錄），搭配沙鈴的頑固伴奏，增加趣味性。

❷ 讓幼兒聽一聽樂器「沙鈴」的聲音。

❸ 告訴幼兒今天要自己動手，做出可以發出沙沙聲音的樂器。

❹ 拿出用養樂多瓶做成的沙鈴，讓幼兒聽聽看聲音與樂器「沙鈴」有什麼不同，猜猜裡面裝什麼東西，並介紹素材名稱，教導幼兒利用這些材料製作沙鈴（製作方法圖參見幼兒課本 p.25）。

自製樂器（一）

活動二／自製樂器──沙鈴

材料：綠豆或紅豆、養樂多瓶、彩色膠帶。

作法：分組製作克難沙鈴

❶老師將三種材料分給幼兒，每位幼兒兩個養樂多空瓶，發給幼兒綠豆（或紅豆），約 1/3 養樂多空瓶的數量，讓幼兒將綠豆（或紅豆）裝入養樂多瓶子內。

自製樂器（二）

貼心小叮嚀

✿老師可以利用不同大小或不同種類的豆子，請幼兒將豆子混合放入養樂多瓶子內，讓幼兒去探索聲音的變化。

✿老師可斟酌幼兒能力來變化自製沙鈴的形狀，利用一個養樂多空瓶亦可製作小沙鈴。

❷ 將兩個養樂多瓶，口對口黏住，用彩色膠帶黏貼固定，並用彩色膠帶裝飾瓶身，增加外觀的美。

自製樂器——大象沙鈴

貼心小叮嚀

老師亦可以利用皺紋紙或包裝紙，讓幼兒來美化自製樂器的外觀，增加視覺效果，完成後可以當成家中擺設品。

自製樂器——人偶沙鈴

❸ 克難樂器沙鈴完成後可以欣賞彼此的創作。

自製樂器——漂亮的沙鈴

活動三／兒歌——「小小蝌蚪」（頑固伴奏）

將兒歌寫成圖形譜（見附錄），分組搭配樂器敲奏或與幼兒一起創作出圖形譜來伴奏。

結束活動

❶ 請幼兒翻開課本（p.25）看看可愛的小青蛙及沙鈴製作過程。

❷ 讓幼兒用自己製作的樂器大合奏，或與各種不同形狀的沙鈴一起合奏，配合老師曾教過的兒歌，如：小星星、小鈴鐺……等歌曲。

需要的教材教具：

❶ 自製沙鈴的材料：養樂多空瓶數個（每位幼兒兩個）。

❷ 綠豆或紅豆（發給幼兒約 1/3 養樂多空瓶的數量）。

❸ 膠帶／安全剪刀。

附錄：器樂敲奏圖譜

小小蝌蚪

童韻：吳幸如

4/4
小小 蝌蚪 一個 頭
兩個 眼睛 黑悠 悠
一條 尾巴 擺後 頭
搖搖 晃晃 水裡 游

◎：敲奏沙鈴

單元 16

中東娃娃

活動目標：

❶ 培養幼兒能尊重不同國度、族群的生活態度。
❷ 體驗不同國家的音樂與舞蹈。
❸ 啟發幼兒對肢體的表現力與創造力。

設計理念：

延續「地球村」的觀念，持續欣賞不同國家的樂曲風格及文化特色，除了之前安排的西班牙「鬥牛」文化外，本單元將以中東國家為主軸，讓幼兒聆聽中東樂曲風格，經由舞蹈，間接讓幼兒認識中東文化的采風。

＊注意事項：本單元可分 2 次來進行。

活動過程：

引起動機

老師以中東娃娃或中東各國家的照片讓幼兒觀看，並和幼兒討論中東人民的穿著（見幼兒課本 p.26）、民族習俗及舞蹈……。

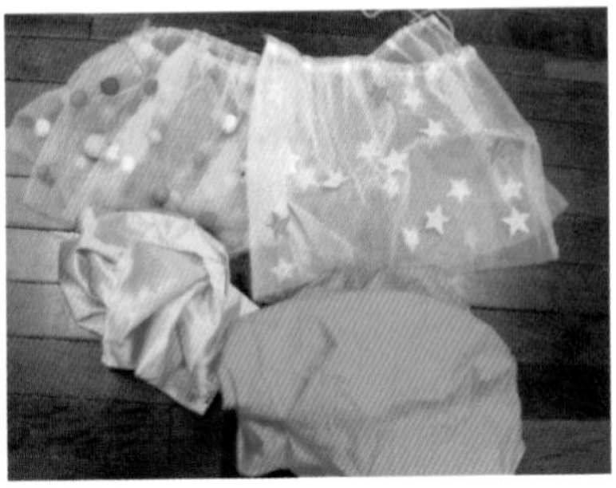
舞裙（一）

❶ 老師播放音樂（見需要的教材教具）讓幼兒聆聽並感受音樂的旋律。

舞裙（二）

❷ 將幼兒分成男、女兩組，和幼兒討論中東男、女不同的穿著，如：女生會蒙面紗，男生會戴帽子……。

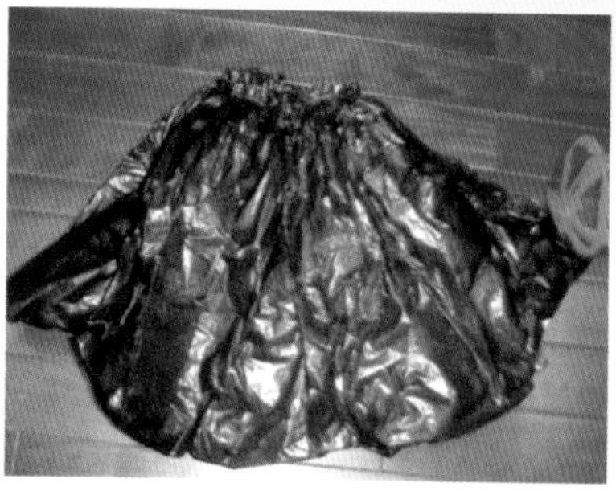

舞裙（三）

❸ 老師將面紗（女）和事先製好的帽子（男）分別幫幼兒戴上（帽子用色紙摺出紙盒狀，反戴於幼兒頭上，用小夾子夾在髮上，防止掉落）。

帽子

❹ 老師教導幼兒跳舞，請幼兒手牽手圍成一個圓圈。

舞序

前奏：大家手牽手，身體跟著節奏韻律做準備。

A 段（8 拍× 2）：大家手牽手跟著節奏踏步【隨著旋律以♩的節奏踏步】往逆時針方向走。

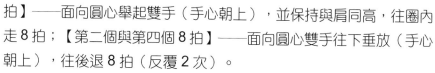

B 段（8 拍× 4）：【第一個與第三個 8 拍】——面向圓心舉起雙手（手心朝上），並保持與肩同高，往圈內走 8 拍；【第二個與第四個 8 拍】——面向圓心雙手往下垂放（手心朝上），往後退 8 拍（反覆 2 次）。

（反覆 2 次）

A 段（8 拍× 2）：同上面 A 段。

B 段（8 拍× 4）：同上面 B 段。

A 段（8 拍× 2）：同上面 A 段。

B 段（8 拍× 4）：同上面 B 段。

A 段（8 拍× 2）：同上面 A 段。

B 段（8 拍× 4）：同上面 B 段。

結束。

東方舞蹈（一）

東方舞蹈（二）

活動二／美麗的城堡——色紙撕貼畫（馬賽克）

紙上作業：

❶ 老師發給幼兒數張色紙，並請幼兒翻開課本（p.26）看看房子的造型。

❷ 請幼兒將色紙撕成小片（數量多一些），塗上膠水後貼在課本的建築物（屋頂）上，讓幼兒可自行搭配顏色，完成馬賽克的屋頂造型。

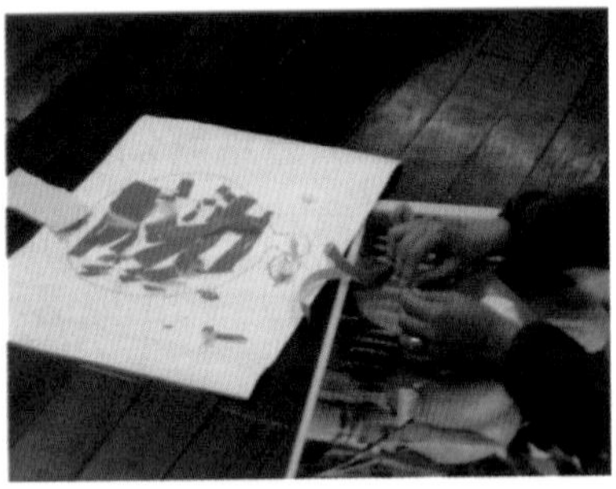

撕貼畫（一）

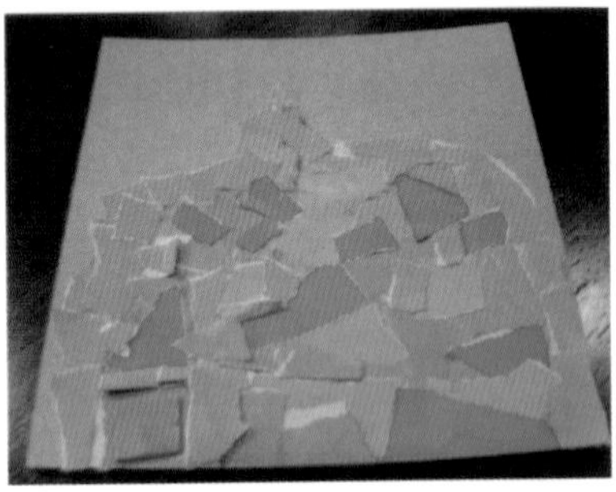

撕貼畫（二）

結束活動

展示幼兒完成的作品並與大家分享。

延伸活動：

＊藝術創作：馬賽克（團體撕貼畫）

老師提供一張大型的海報紙，請幼兒將剩下的色紙碎片，全部貼在大張的海報紙上，完成的集體創作圖（馬賽克畫作），張貼在教室做情境佈置。

需要的教材教具：

❶ CD 音響。

❷ 音樂CD：「哈囉！一起跳舞吧！」（4468），*高聳的人（Tzadik Katamar）*，第 8 首。台北：上聿文化。

❸ 建議參考音樂 CD：
⑴「世界音樂」（EUCO1781），*中東伊拉克民族樂器演奏*。台北：韻順公司。
⑵「中東」（The Middle East）。台北：尚田企業。

❹ 中東地區圖片或影片。

❺ 透明小絲巾數條（女幼兒用）。

❻ 紙帽子（色紙摺出紙盒狀——男幼兒用）。

❼ 色紙與膠水。

附錄：參考資料

「中東地區」或「中東」是指地中海東部與南部區域，包括埃及、伊朗、伊拉克、以色列、約旦、科威特、黎巴嫩、沙烏地阿拉伯、敘利亞、葉門、巴勒斯坦、馬格裡布國家（阿爾及利亞、利比亞、摩洛哥、突尼西亞）以及蘇丹、茅利塔尼亞和索馬利亞……等國家。

單元 17

魔法捕蠅草

活動目標：

❶ 認識捕蠅草與豬籠草。
❷ 培養幼兒的肢體靈活度及反應能力。
❸ 提供幼兒肢體即興創作的機會。

設計理念：

透過音樂欣賞活動，讓幼兒藉由聆聽音樂及觀賞圖片來感受大自然的奧妙，將所聽到的音樂情境模擬化，組織成一則故事，透過肢體律動表達對音樂的感受力，以增進肢體靈活的反應，培養幼兒的創造與想像能力。

＊注意事項：本單元可依幼兒時間分 2 次來進行。

活動過程：

引起動機

❶ 老師利用捕蠅草／豬籠草的圖片為題材〔可參考幼兒課本（p.27）〕，引導幼兒進入此次的音樂活動。

❷ 老師向幼兒說明捕蠅草及豬籠草覓食的方式及生態。

活動一／聽訊號反應——肢體動作模仿

經由解說食蟲草覓食的方式後，老師利用樂器敲出聲音（三角鐵、鐵琴、直笛、沙鈴），帶領幼兒聽樂器的節奏，模仿出不同的肢體動作。

* 三角鐵【♩.～～～～ ♩.～～～～】或【𝅝～～～～～～～～】→花開了
* 鐵琴【♬♬ ♬♬（敲奏任何音階均可）……Rit 漸慢】→蜜蜂飛來了停在花叢中
* 直笛【♩／ ♩／】（老師利用手腕摀住直笛頭底下的洞，手腕一側靠著直笛頭，另一側慢慢往上放開形成「嗚」上抑的聲音）→蜜蜂吸花蜜
* 沙鈴【♫ 𝄾……】（擊出短促的聲音）→靜止不動，被豬籠草發現了……

直笛

沙鈴

貼心小叮嚀

老師引導時須注意樂器敲奏時速度的變化，因為幼兒一人扮演多重角色，需要充裕的時間來做肢體動作的模仿。

蜜蜂採花蜜

活動二／創造性肢體律動——魔法捕蠅草

❶ 播放音樂（見需要的教材教具），並和幼兒討論聽到這些音樂時的感受及想像，或和幼兒一起進行故事接龍，將剛剛所扮演的情節串聯在一起。

❷ 將幼兒分組並分配角色，分別模仿花、蜜蜂、捕蠅草／豬籠草。

貼心小叮嚀

老師可以利用小道具（如絲巾罩於身上展現花或捕蠅草的開放，報紙或色紙捲成長條狀，當蜜蜂的吸食器……）讓幼兒有更具體的動作呈現。

花冠

❸ 依其前奏、主題、Coda（尾奏）的曲式分別扮演兩種不同的角色。如：前奏：花和捕蠅草開了；主題：蜜蜂來了，吸花蜜；重音「七恰」一聲，捕蠅草闔上，蜜蜂飛走或是被捕蠅草／豬籠草抓到了；Coda（尾奏）：抓到蜜蜂的捕蠅草就長高了，沒抓到的捕蠅草便枯萎了。

我是美麗的花

我是捕蠅草

❹ 曲式分析

前奏：花和豬籠草開了。

主題：蜜蜂飛來了，到花叢中吸花蜜，重音「啪」一聲，捕蠅草／豬籠草闔上，蜜蜂飛走或是被捕蠅草／豬籠草抓到了（反覆數次）。

Coda（尾奏）：抓到蜜蜂的豬籠草漸漸長高了，沒抓到的捕蠅草／豬籠草便枯萎了。

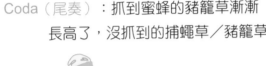

貼心小叮嚀

✿當蜜蜂的幼兒被捕蠅草／豬籠草抓到後，可以請他們到教室一旁休息觀看活動，或直接扮演捕蠅草／豬籠草。

✿老師準備照相器材為幼兒拍照。

活動三／器樂合奏

老師將幼兒分成四組，並請幼兒分別拿不同的樂器（三角鐵、鐵琴、沙鈴），依曲式的變化敲自己手中的樂器。

結束活動

❶ 紙上作業：翻開課本（p.27），請幼兒為捕蠅草／豬籠草著上顏色。

❷ 將相片洗出後，於下一單元發給幼兒貼於課本的相框中（p.28）。

貼心小叮嚀

樂曲中蜜蜂吸花蜜的聲效，請幼兒一起以口技來模仿吸東西的聲音即可。

延伸活動：

＊戲劇遊戲——森林花園

❶ 老師播放音樂（見需要的教材教具），並與幼兒一起模擬共創的故事情境。

❷ 將幼兒分成七組，並分給其組別該呈現的樂器及道具。

範例

A 組：花——花的頭套或花冠。

B 組：豬籠草——兩手套上大手套。

C 組：蜜蜂——以小絲巾代替翅膀。

D 組：敲奏三角鐵。

E 組：敲奏鐵琴。

F 組：口技模仿聲效。

G 組：敲奏沙鈴。

貼心小叮嚀

老師可以自編簡單的開場，並口述讓幼兒進入模擬的情境。如：這是一座魔法森林……等等。

❸ 音樂曲式前奏出現時，飾演花（A組）及捕蠅草／豬籠草（B組）的小朋友一同表演出植物生長的動作。拿三角鐵的幼兒（D組），輕輕敲奏三角鐵搭配植物生長的音樂。

❹ 音樂主題出現時，飾演蜜蜂的小朋友（C組）表演蜜蜂飛舞於花叢中的動作；鐵琴組的幼兒（E組），隨意敲奏鐵琴來搭配蜜蜂飛舞的音樂；吸花蜜的聲音出現時，口技組的幼兒（F組）以口技模仿聲效搭配蜜蜂吸花蜜的音樂；飾演蜜蜂的幼兒（C組）表演蜜蜂停在花或捕蠅草／豬籠草中吸取花蜜的動作。

❺ 音樂中重音「七恰」一聲出現時，飾演捕蠅草／豬籠草的幼兒（B組）須立即闔上雙手，飾演蜜蜂的幼兒（C組）須立即飛離捕蠅草；拿沙鈴的幼兒（G組），以短促的敲奏沙鈴來飾演捕蠅草／豬籠草捕抓蜜蜂的音效。

❻ 音樂結尾出現時，飾演捕蠅草／豬籠草的幼兒（B組）若抓到蜜蜂即可長大，若無抓到蜜蜂者，就必須因缺乏食物而枯死了。

需要的教材教具：

❶ CD 音響。

❷ 音樂 CD：「激盪音感力」，***attrapais ce papillon***，第 3 首。台北：上揚唱片。

❸ 捕蠅草及豬籠草的圖片。

❹ 樂器：三角鐵、鐵琴、直笛、沙鈴。

❺ 大手套（代表捕蠅草）：工業用手套，一般五金行或大賣場可購買。

❻ 小絲巾數條（代表蜜蜂）。

❼ 大吸管（蜜蜂吸花蜜用）：利用報紙或色紙捲成的大吸管。

附錄：捕蠅草的簡介（圖見幼兒課本 p. 27）

捕蠅草是一種食蟲植物，左右對稱的夾子狀的構造是由葉子變化而來。捕蟲夾上的外緣排列著刺狀的毛，乍看之下很銳利，其實這些毛很軟，其功能是用來防止被捕的昆蟲逃脫。捕蟲夾內側呈現紅色，仔細觀察會發現上面覆滿許多微小的紅點，這些紅點就是捕蠅草的消化腺體，當捕蟲夾夾到昆蟲時，這些夾子兩端的毛正好交錯，而成為一個牢籠，使蟲無法逃走。在捕蟲夾內側可見到三對細毛，這細毛便是捕蠅草的感覺毛，用來偵測昆蟲是否走到適合捕捉的位置，大多數的捕蟲器只帶有三對感覺毛，但也可能產生多出一根到數根感覺毛的捕蟲器。

單元 18

魔法巫婆

活動目標：

❶ 增進幼兒音樂肢體的展現能力。
❷ 提升說白節奏、樂器合奏的能力。
❸ 激發幼兒對肢體創作的想像力。

設計理念：

藉由《巫婆的掃把》這本故事書所發展的故事與掃把飛行的樂趣，讓幼兒學會歌謠的唸唱，並以兒歌「老巫婆」的說白節奏、肢體創作方式及配合樂器的敲奏，增添童韻的趣味性，提升幼兒說白節奏、樂器合奏的能力。

＊注意事項：本單元可依幼兒時間分 2 次來進行。

活動過程：

引起動機

❶ 故事引導：《巫婆的掃把》（見需要的教材教具）
巫婆的掃把和巫婆同樣法力無邊，但是巫婆不會老，她的掃把卻會隨著歲月漸漸老去。有一枝被它的巫婆主人遺棄的掃把，在一處偏遠的小農莊被老農婦收留下來。雖然這隻掃把已經不能使用，但在人世間它可以幫忙老

婦人餵雞、種田、打掃、彈琴……，讓老婦人過著幸福快樂的生活。可是鄰居覺得這隻掃把（見幼兒課本 p.29）根本就是撒旦的化身，算計著該如何處置這枝巫婆的掃把……。

❷ 介紹幼兒各種飛行的工具。

飛天巫婆

魔法掃把

活動一／童韻——「老巫婆」（肢體創作）

老師以說白節奏教唸童韻「老巫婆」（參見附錄），並用動作表現出內容。如：老師敲三角鐵時，幼兒學老巫婆飛上天的樣子；搖沙鈴時，幼兒學風的樣子，以及身體搖晃快掉下的樣子；再敲手鼓時，幼兒屁股跌在地上。

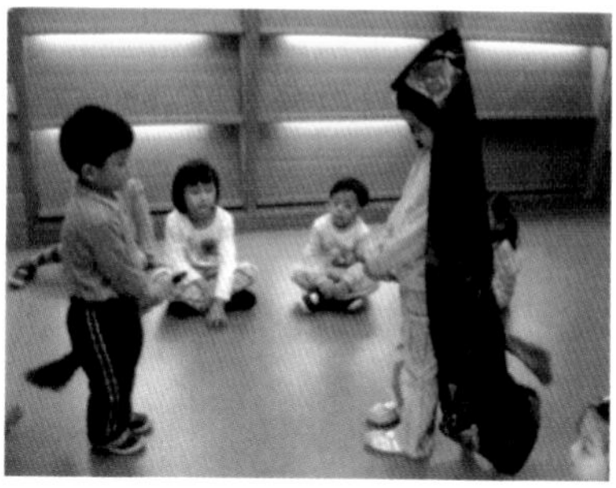

我是老巫婆

貼心小叮嚀

老師唸童韻時須注意其音韻、語調及敲奏樂器的力度（dynamics），引導幼兒進入戲劇化的情境，做出模擬動作。

動作模仿

活動二／配器法——人聲即興：「老巫婆」

❶ 將幼兒分成四組進行配器活動，分別發給幼兒三角鐵、響棒、沙鈴和手鼓 4 種樂器。

❷ 或將幼兒分成兩組，一組表演童韻的內容（模擬巫婆騎掃把的樣子），另一組進行聲效模擬（敲奏樂器）並唸誦童韻。

配器活動

音效模擬

貼心小叮嚀

✿老師可以利用道具（如報紙捲成長條狀，另一邊貼上幾條不同顏色的皺紋紙）當成巫婆的掃把，再幫幼兒戴上錐形的報紙帽，增加動作模擬的戲劇效果。

✿老師亦可用不同的樂器或口技來搭配，試試另一種聲效與創意的表現。

結束活動

紙上作業：請幼兒翻開課本（p.29），看看魔法掃把做些什麼事？

需要的教材教具：

❶ 各種飛行工具的圖片。

❷ 參考繪本：《巫婆的掃把》。克里斯梵奧斯柏格著／楊茂秀譯。台北：遠流出版。

❸ 巫婆的裝扮及一些巫婆的道具。

❹ 樂器：三角鐵、響棒、沙鈴和手鼓數個。

❺ 建議參考書籍：

⑴《巫婆的前世今生——童書裡的女巫現象》。台北：遠流出版。
⑵《聖塔菲的巫婆》。台北：遠流出版。
⑶《巫婆就是這樣的》。台北：遠流出版。
⑷《芭芭雅嘎奶奶》。台北：遠流出版。
⑸《巫婆薇吉兒》。台北：遠流出版。
⑹《不會騎掃把的小巫婆》。國語日報出版。

附錄：童韻

老巫婆

童韻：吳幸如

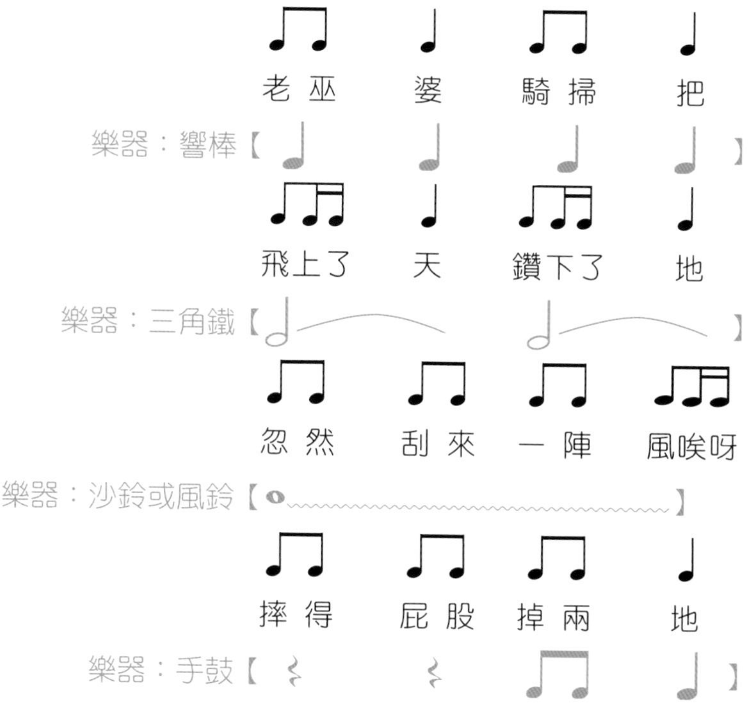

單元 19

魔力四射

活動目標：

❶ 激發幼兒對肢體創作的想像力。
❷ 增進幼兒肢體節奏模仿的能力。
❸ 培養幼兒的專注能力。

設計理念：

進行兒歌「老巫婆」的教唱（輪唱），以器樂合奏活動，增進幼兒手眼協調與節奏創作能力，並透過藝術的創作——「巫婆的掃把」，提升同儕互助合作的精神，鼓勵幼兒發揮創意思考達到問題解決的能力。

活動過程：

引起動機

❶ 老師（或一位幼兒）模擬老巫婆的樣子，在教室飛一圈，與幼兒一起探討老巫婆騎掃把飛行的姿態。

❷ 複習童韻「老巫婆」，並用動作表演。如：做飛的動作，身體感受風吹的反應，屁股著地假裝很痛的表情……等。

巫婆騎掃把

活動一／肢體節奏遊戲

❶ 透過拍手、拍肩、拍臀……等肢體遊戲來拍打節奏。

❷ 讓幼兒自創肢體動作，玩出不一樣的節奏遊戲。

❸ 教唱兒歌「老巫婆」（見附錄），並以肢體節奏（body percussion）來伴奏。

動作模仿

貼心小叮嚀

肢體節奏部分可以與幼兒討論後，大家一起決定用哪一種（如：拍手、踏腳……等等）型態來進行頑固伴奏。

活動二／器樂合奏／人聲／肢體節奏

❶ 老師可以將幼兒分成二組，採輪唱的方式增加對歌曲的熟悉度。

❷ 待幼兒較熟悉後，搭配樂器或人聲、肢體節奏進行合奏（歌曲見附錄）。

貼心小叮嚀

✿人聲創作部分老師可以與幼兒討論後再決定伴奏的型態，如第二、三、四小節的休止符【𝄽】，嘴巴可以發出「咻~~」的音效，第八小節的休止符【𝄽】則可發出「哎呀」的聲音……（歌曲見附錄）。

✿肢體節奏則同活動一，利用大家討論出來的方式進行。

❸ 器樂合奏範例：

A 碰鐘：於每一個八分休止符【𝄾】時敲奏。

B 高低木魚：【♩(左)♩(右)♩(左)♩(右)】或【♩(左)♫(右)♩(左)♫(右)】

C 鈴鼓：【𝅝〰〰〰】

活動三／藝術創作——巫婆的掃把

巫婆的掃把

❶ 與幼兒討論掃把的樣子、形狀與顏色。

❷ 紙上作業：請幼兒翻開課本（p.30），製作一隻彩色掃把。

❸ 老師發給幼兒彩色條狀的色紙數條（約 15 公分長，1.5 公分寬）。或事先將彩色條狀的色紙放於紙盒中，由幼兒自己拿取喜好的顏色。

❹ 幫忙將幼兒課本上巫婆的掃把（膠水黏貼處）塗上膠水，請幼兒幫巫婆製作一隻彩色的魔法掃把。

貼心小叮嚀

✿為了能營造彩色魔法掃把的生動，老師上膠水時勿全部塗滿，只塗掃把前端部分，並請幼兒注意只黏色紙上半段。

✿老師幫忙用安全剪刀將過長的色紙剪掉。

結束活動

請幼兒一起欣賞大家的創作。

延伸活動：

在壁報紙畫上一隻魔法掃把（或黏貼上一隻小棍子／小木材當把柄），請幼兒們一起利用皺紋紙做出彩色生動的藝術作品：「會飛的巫婆魔法掃把」。

貼心小叮嚀

✿老師可以將成品貼上公佈欄，展現幼兒的創作來增進自信與成就感。

✿當幼兒創作「會飛的巫婆的魔法掃把」時，老師可以播放有關魔法的古典名曲（見需要的教材教具）當背景音樂。

需要的教材教具：

❶ 樂器：三角鐵、沙鈴和手鼓數個。

❷ 膠水。

❸ 彩色條狀的色紙數條（約 15 公分長）。

❹ 安全剪刀。

❺ CD 音響。

❻ 音樂 CD：「終極魔法寶典」（The Ultimate Wizard）——12 首有關魔法的古典音名曲。台北：福茂唱片。

附錄：歌曲

小巫婆

美國民謠

詞曲改編：吳幸如

小巫婆 小巫婆 騎 掃 把
飛上了 天 鑽下了 地
忽 然 刮 來 一 陣 風，唉呀！
摔 得 屁 股 掉 兩 地

筆記欄

單元 20

黑森林歷險記

活動目標：

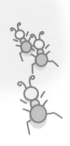

❶ 培養幼兒的節奏感。
❷ 提升幼兒的聽覺記憶力及平衡感。
❸ 增進幼兒的參與感和團體合作的協調能力。

設計理念：

讓幼兒能透過聽覺（矇住雙眼）來感覺、體驗，探索周遭環境的聲音來源，辨別出樂器聲音的特色，增進幼兒對樂器音色辨識的能力及傾聽的專注力。

活動過程：

引起動機

❶ 老師講述黑森林的故事，並製造神祕的氣氛。

❷ 故事內容敘述小魔女的阿嬤在黑森林不見了，勇士們要一起進入黑森林救阿嬤，但要如何進入黑森林呢？小魔女要

巫婆帽（一）

帶著大家通過黑森林的考驗，必須通過考驗取得 4 樣樂器寶物才能進去！

巫婆帽（二）

活動一／樂器聽辨：神祕的黑森林

❶ 用呼拉圈散落放在黑森林的途中（老師在教室中佈置情境），請一些幼兒站在呼拉圈裡當魔樹。當魔樹的幼兒可以盡情展露身體抓路過的人，但不可以離開呼拉圈。

樂器

❷ 在教室一隅放置 1 個呼拉圈，內放 4 樣樂器寶物，讓幼兒聆聽樂器（沙鈴、手搖鈴、響棒、震盪器）的音響，亦介紹震盪器的敲法。

巫婆

❸ 選出一個勇士並矇眼，老師先當小魔女，以拍手鼓的節奏引導勇士躲避魔樹（由幼兒裝扮）的干擾，並找到 4 樣樂器寶物。

❹ 勇士找到樂器寶物後必須說出它的名稱，並敲出樂器寶物的聲音，猜對樂器名稱的勇士即可帶著樂器一起到黑森林找魔法阿嬤了。

巫婆的寵物

❺ 可由幼兒輪流當勇士、小魔女和魔樹。

活動二／影片欣賞：「魔女宅急便」

❶ 活動結束後，老師利用故事書（見需要的教材教具）介紹小魔女琪琪的故事。

❷ 老師播放「魔女宅急便」的 DVD 讓幼兒觀賞。

結束活動

紙上作業：請幼兒翻開課本（p.31～32），找出魔法阿嬤在哪裡？

需要的教材教具：

❶ 呼拉圈數個（依幼兒人數）。

❷ 樂器：沙鈴、手搖鈴、響棒、震盪器。

❸ 小魔女造型，如：帽子……。

❹ 小勇士造型，如：衣服、紙做的弓箭……。

❺ VCD ／ DVD 放影機。

❻ DVD：角野榮子（1989）。「魔女宅急便」。製片、編劇、導演：宮崎駿；音樂：久石讓。

❼ 建議參考書籍：角野榮子著／李浪譯（1997）。《魔女宅急便》。台北：國際少年村。

附錄：「魔女宅急便」大綱

魔女在眾人心中似乎是無所不能、千變萬化，「魔女宅急便」一片中，內容充滿童趣，劇情蘊含著教育的意義，是一部溫馨的作品。故事是以 20 世紀初的歐洲為背景，藉由可愛的魔女琪琪來實現了許多人飛行的夢想，本片描述琪琪與她的黑貓吉吉的故事，由於琪琪有顆善良的心，幫助她解決不少難題……，琪琪在送快遞的同時，也傳播了愛心……。

(中班◆下冊)

奇幻遊樂園

單元1

走秀表演

活動目標：

❶ 激發幼兒對肢體創作的想像力。
❷ 增進幼兒肢體節奏模仿的能力。
❸ 培養幼兒的專注能力。

設計理念：

透過樂曲讓幼兒充分的發揮對節奏的感受力與想像力，運用肢體創作出符合節奏的動作，提供幼兒認識模特兒舞台表演的特色，藉由模擬的走秀活動創作出肢體動作的造型，展現自我創意與自信。

活動過程：

引起動機

老師拿出不同造型的模特兒照片，讓幼兒了解服裝表演的特色與肢體動作、臉部表情，並和幼兒討論模特兒走秀的動作姿態、服裝造型、音樂……（見幼兒課本 p.4）。

活動一／肢體雕塑遊戲

❶ 老師敲打樂器，請幼兒利用不同的肢體動作隨著節奏行走，扮演不同的模特兒。當聽到響板聲音【♩♩♩……】時，可隨意走動；當聽到刮胡聲音【𝄽♩】時，即須立刻停止，並擺一個姿勢（肢體雕塑）。

❷ 老師播放音樂（見需要的教材教具），告知幼兒這是模特兒走秀表演的音樂，請幼兒仔細聆聽並跟隨著音樂拍手，當音樂終止時（曲中一部分，約 4 拍）停止拍手。

❸ 請幼兒隨著音樂節奏走路並擺動肢體，當樂曲中間休息（停頓）時，擺出一個姿勢（如做肢體雕塑）。

服裝製作

貼心小叮嚀

老師可以引導幼兒拍出頑固伴奏（ostinato），樂曲裡停頓的地方停止打拍子；樂曲再次出現旋律，則換不同的肢體部位來拍打固定拍，依此類推……。

表演服飾

活動二／服裝表演會：裝扮遊戲

❶ 人體彩繪：請幼兒扮演模特兒，老師幫每位幼兒在臉上、身上進行彩繪，來搭配幼兒走秀的造型。

❷ 老師分發造型的材料（如：絲巾、面具、報紙、塑膠袋……），讓幼兒自己動手來打扮不同的造型。

❸ 老師播放音樂，讓幼兒隨著音樂走秀，並準備照相機幫幼兒拍照。

走秀表演（一）

走秀表演（二）

結束活動

老師準備照相機拍下每位幼兒走秀時的模樣，下週上課時貼於課本上（p.5）。

需要的教材教具：

❶ CD 音響。

❷ 音樂 CD：「激盪音感力」，***Photos***，第 23 首。台北：上揚唱片。

❸ 人體彩繪蠟筆。

❹ 裝扮的素材，如：大絲巾、羽毛、面具、報紙、塑膠袋……。

筆記欄

單元2

球之歌

活動目標：

❶ 培養幼兒的專注力。
❷ 激發幼兒肢體動作的想像力與創造力。
❸ 增進幼兒音樂節奏與拍子的感受力。
❹ 從活動中促進幼兒的人際互動。

設計理念：

結合音樂與球類遊戲，讓幼兒從活動的過程中感受樂曲輕快、活潑的節奏，利用曲子的節拍與球的傳遞，增進幼兒的節奏感，激發其肢體動作的想像力與創造力。

活動過程：

引起動機

老師拿出一顆球，並和幼兒討論可以用肢體哪些不同的部位、方式或姿勢來傳球，不會讓球掉下來，如：手、手臂、兩膝、兩腳……等等（可配合幼兒課本p.6）。

傳球遊戲（一）

傳球遊戲（二）

傳球遊戲（三）

傳球遊戲（四）

傳球遊戲（五）

活動一／傳球遊戲

老師播放音樂（見需要的教材教具），幼兒一個個按順序利用肢體傳球，並且注意勿使球掉落。

貼心小叮嚀

✿老師可以與幼兒討論一種或兩種肢體動作傳遞的方式，例如：只能用脖子來夾住球或只能用腳來傳遞球……。

✿可以同時準備不同大小的球類（如網球或幼兒遊戲球池中的塑膠球），以備不同肢體部位的傳遞。

活動二／器樂合奏

❶ 請幼兒圍坐成一個圓圈，老師拍打身體節奏，讓幼兒一個一個以逆時針方向傳遞節奏。如：老師拍手【♩】，幼兒跟著傳遞拍手【♩】；老師拍肩【𝅗𝅥】，幼兒跟著拍肩【𝅗𝅥】，讓幼兒傳遞固定拍子。

❷ 老師播放音樂（見需要的教材教具），帶領幼兒拍出固定節奏【♩ ♩ ♩ ♩ ……】、【𝅗𝅥 𝅗𝅥】、【𝅝】、【♩（左膝）♫（右膝）】。

❸ 利用不同的樂器帶領頑固伴奏。

如：

＊木魚、高低木魚：【♩ ♩ ♩ ♩】

＊三角鐵、碰鐘：【𝅗𝅥 𝅗𝅥】或【𝅝】

＊邦哥鼓：【♩（左）♫（右）♩（左）♫（右）】

貼心小叮嚀

老師可以利用不同的樂器進行合奏，或依幼兒能力來帶領節奏的敲奏。

活動三／音樂遊戲——球之歌

結合一與二的活動，老師播放音樂，幼兒一個個按順序利用肢體傳球，提醒他們注意勿使球掉落，若球在某一位幼兒身上掉下來了，他就必須到前面選擇一樣樂器來敲奏頑固伴奏（依幼兒所拿樂器的不同，請幼兒隨著音樂敲出不同的頑固節拍，如活動二的範例）。

結束活動

紙上作業：節奏聽力練習

老師將節奏卡貼於白板上，利用幼兒課本中（p.7）的樂器敲出節奏，請幼兒試著寫出。

需要的教材教具：

❶ CD 音響。

❷ 音樂 CD：「奧福教學——舞蹈 I」，*拍手稱快*（Kolo 可樂舞），第 15 首。台北：中華奧福教育協會。

❸ 樂器：木魚或高低木魚、三角鐵或碰鐘、邦哥鼓。

❹ 彩色筆數盒。

單元 3

可樂舞

活動目標：

❶ 訓練幼兒的記憶力與邏輯能力。
❷ 培養幼兒肢體動作的協調度。
❸ 從舞蹈活動中增進幼兒的節奏感與音樂性。

設計理念：

讓幼兒藉由肢體的舞動，來感受南斯拉夫‧塞爾維亞共和國之傳統舞蹈「Kolo」（可樂舞）曲子輕快、活潑的節奏，間接認識南斯拉夫國家的音樂，並利用舞曲來進行舞蹈大會串，帶領幼兒走出不同的路線，訓練幼兒的記憶力與邏輯能力。

＊注意事項：本單元可依幼兒能力分成 2-3 次來進行。

活動過程：

引起動機

老師播放音樂（見需要的教材教具）並拿出球，複習上一單元傳球的遊戲，再次聆聽歌曲。

活動一／迴旋曲式：舞蹈大會串

老師播放音樂，請幼兒排成一排，由老師帶領走出不同的路線，範例如下：

(1) 

(2) 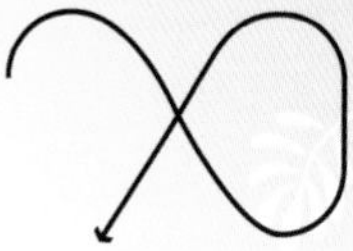

(3) 

(4) 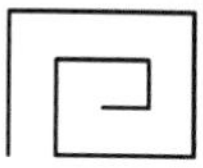

(5) 

(6) 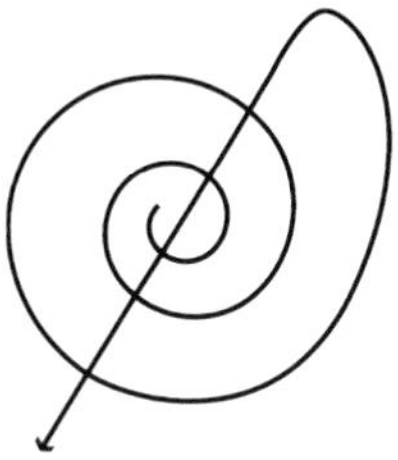

貼心小叮嚀

✿老師可依空間大小來規劃出走的路線與難易度，避免幼兒走太快，速度盡量放慢並請幼兒將手拉好或搭肩，隊伍盡量不要中斷。

✿為避免滑倒，請幼兒穿上舞蹈軟鞋或脫掉腳上的襪子。

舞蹈大會串

活動二／舞蹈：Kolo（可樂舞）／迴旋曲式

❶ 請幼兒翻開課本（p.8），老師向幼兒簡單介紹南斯拉夫的人文與服裝特色（參見附錄）。

❷ 此首迴旋曲「可樂舞」的曲式如下：
‖A；A'；B；C‖ × 5，共反覆5次。

❸ 老師播放音樂，並帶領幼兒跳出可樂舞。

前奏：大家手牽手，肢體跟著節奏韻律做準備。

A段（8拍×2）：大家手牽手跟著節奏踏步走，隨著旋律以【♩♩♩♩……】節奏踏步往逆時針方向走。

可樂舞（一）

A'段（8拍×2）：大家手牽手換方向跟著節奏踏步走，隨著旋律以【♩ ♩ ♩ ♩……】節奏踏步往順時針方向走。

可樂舞（二）

B段（8拍×2）：面向圓心，【♩♩♩（往內走3拍）♩（第4拍時雙手往上拍手）】；【♩♩♩（後退走3拍）♩（第4拍時雙手往下拍手）】，反覆2次。

C段（8拍×4）：雙手叉腰，【♩♩♩（往右走踏併步3拍）♩（第4拍時右腳往上踢）】；【♩♩♩（往左走踏併步3拍）♩（第4拍時左腳往上踢）】，反覆4次。

＊全曲反覆5次。

結束活動

❶ 紙上作業（藝術創作）：老師發給幼兒白膠及不同顏色的亮片，請幼兒翻開課本（p.8），貼上亮片來裝飾舞者的頭巾與帽子。

❷ 紙上作業（圖形記憶）：請幼兒翻開課本（p.9），老師發給幼兒彩色筆，讓幼兒在課本畫下剛剛走過的路線，亦可請幼兒自己想出新的路線畫下來。

延伸活動：

音樂圖形

❶ 老師利用簡單的圖形畫出迴旋曲每段樂曲的圖案，
如：「○ ○ △ △ ▯ ▯……」，並將圖形海報貼於白板上，老師播放歌曲，一邊以手指揮著海報上的圖案，藉此讓幼兒感受不同的樂句。

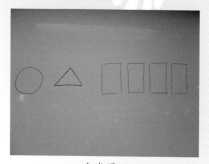

❷ 將幼兒分成三組，分別以不同的樂器敲奏不同樂段
如：A 段——敲奏高低木魚：【♩♩♩♩】
B 段——手鼓：【𝄽♩𝄽♩】
C 段——三角鐵／碰鐘：【𝅗𝅥 𝅗𝅥】或【𝅝】

❸ 指揮遊戲：老師指揮幼兒進行頑固伴奏（ostinato）。當指到木魚那組幼兒時，高低木魚要敲【♩♩♩♩】的節奏；當老師指揮手鼓那組幼兒時，敲【𝄽♩𝄽♩】（高低木魚那組幼兒可依指揮的指示，持續敲奏或暫停），……依此方式讓幼兒來進行合奏。

貼心小叮嚀

是否由哪一組樂器持續敲奏固定伴奏，可以由老師來決定。如，同時兩組樂器一起敲奏伴奏或只有一組樂器敲奏伴奏都可以。

需要的教材教具：

❶ CD 音響。

❷ 音樂 CD：「奧福教學——舞蹈Ⅰ」，*拍手稱快*（Kolo 可樂舞），第 15 首。台北：中華奧福教育協會。

❸ 樂器：高低木魚、手鼓、三角鐵、碰鐘。

❹ 彩色筆數盒。

❺ 亮片（手工藝品店可購得）。

❻ 白膠數瓶。

附錄：可樂舞

Kolo「可樂舞」是來自南斯拉夫・塞爾維亞共和國（屬巴爾幹半島人種）之傳統舞蹈，其傳統的民俗舞蹈曲具有非常輕快活潑的節奏與旋律，舞蹈動作結合了拍手、頓腳、跳步……等等，表現出激昂、豪邁的民族性，讓人覺得想要起身來手足舞蹈一番。他們的傳統服飾，如：衣服、帽子、鞋子、腰帶、裙襬……，有相當細緻的手工刺繡與圖案，每一個圖案都非常精緻且各不相同，相當漂亮。

目前南斯拉夫・塞爾維亞已經解體了，這個國家於 2003 年改名為「塞爾維亞・蒙特內哥羅」。

筆記欄

單元 4

美麗的彩虹

活動目標：

❶【𝅗𝅥.　　　】附點二分音符的引導。
❷ 激發幼兒的肢體創造力與表達力（時間、空間、力度）。
❸ 從音樂活動中培養幼兒學習領導與跟隨的能力。
❹ 培養幼兒對色彩的組合能力。

設計理念：

本單元利用彩色的彈性絲襪讓幼兒觀察其鬆緊的效果，配合歌曲與肢體拉動的張力，延伸出「線條」（樂句）的動作，來提升幼兒音樂性，感受音樂的樂句與肢體的變化，同儕間互相探索與創作空間的幾何圖形，增進幼兒的肢體創作能力與空間概念，學習和同伴一起分享肢體創作成果，從團體互動中增進自我察覺的能力。

＊注意事項：本單元活動可依幼兒時間分成 2 次進行。

活動過程：

引起動機

老師講述與彩虹有關的「彩虹的故事」，如：形成彩虹自然景觀的原因。

彩虹的故事

活動一／兒歌——「美麗的彩虹」
（【𝅗𝅥.　】附點二分音符的引導）

❶ 老師教唱歌曲「美麗的彩虹」（見附錄；幼兒課本 p.11），請幼兒拍膝【𝅗𝅥.　】跟著唱。

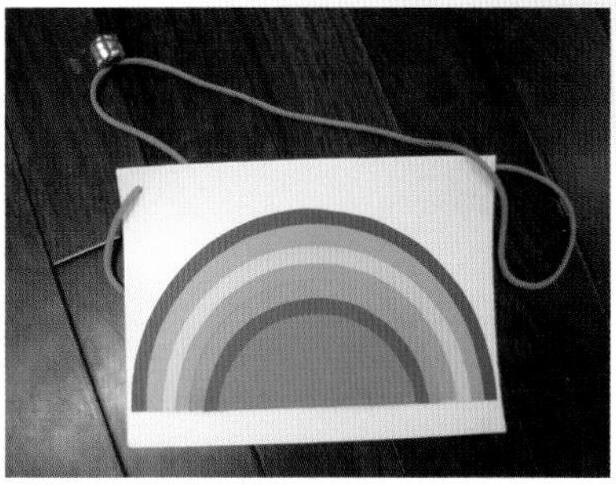

美麗的彩虹

❷ 配合樂句（4 個小節一句），帶領幼兒以手在空中畫出圓滑線（弧線）。

貼心小叮嚀

✿老師示範唱歌曲時，每唱一句以左手食指跟著在上空畫一弧線⌒。

✿由於老師面向幼兒，所以利用左手（與幼兒同一方向的手）來引導較恰當，亦能使幼兒比較容易模仿。

❸ 請幼兒站起來，兩人為一組，歌唱「美麗的彩虹」，每唱一句其中一人（A）就從另一人身上（B）的任何地方做拉出一條隱形線的模樣，且於樂句結束時「定格」停止任何動作；唱第二句時，再由另一人（B）從（A）身上的任何地方做拉出一條隱形線的模樣，一樣在樂句結束時「定格」停止任何動作。依此方式，兩人輪流從對方身上拉出隱形樂句，直到音樂結束，猶如兩人肢體的對話型態。

貼心小叮嚀

✿教此活動前老師必須與一位幼兒來做示範的動作，並請在座的幼兒一起來唱歌曲。

✿歌曲的速度須配合幼兒的動作，勿唱太快，讓幼兒有足夠的時間完成每一樂句的拉線動作，並提醒幼兒注意肢體動作的變化與造型（如高、中、低水平的動作姿態）。

活動二／肢體造型創作——立體的彩虹

幼兒 4 人一組，發給一人一隻彩色的彈性絲襪（絲襪花材料），一人唱一個樂句（12 拍），唱時拉開自己手上的彈性絲襪，展現出音樂樂句的圓滑音（時間），4 人輪流每唱一句就以彈性絲襪拉出一條線（力度），形成一個肢體空間造型，進行集體的肢體造型創作（空間）。

彩色絲襪

肢體造型創作

活動三／藝術創作（沙畫）——美麗的彩虹

❶ 老師將不同顏色（綠、藍、黃、紅……）的沙子分別放於透明塑膠盒中，介紹不同顏色的沙子後，分別裝在小盒中發給幼兒。

❷ 紙上作業：請幼兒翻開課本（p.10），將課本的彩虹依序塗上膠水，黏貼上不同顏色的沙子，形成一道美麗的彩虹沙畫。

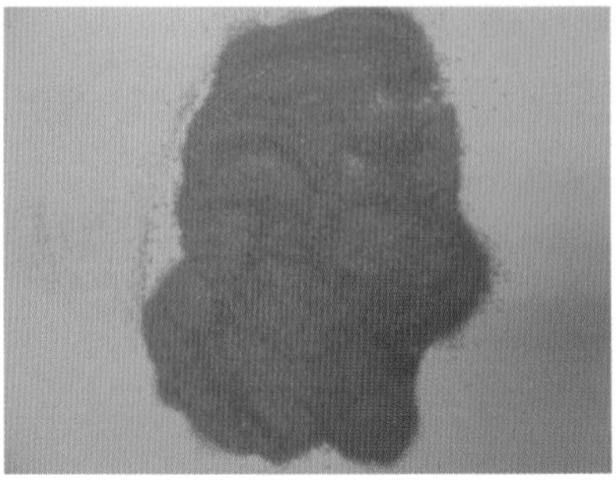
彩色沙子

砂畫（一）

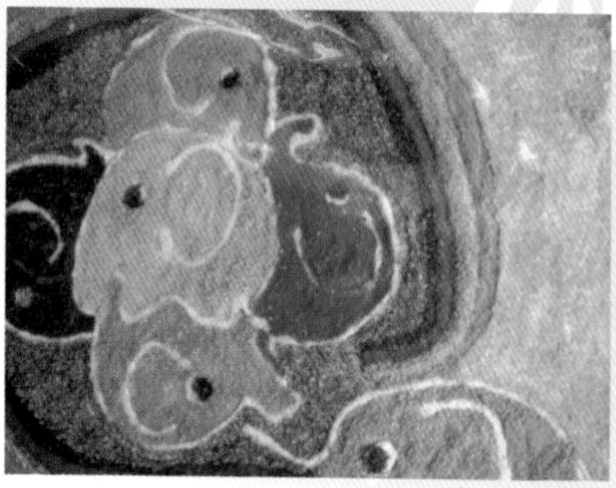

砂畫（二）

立體的彩虹（一）

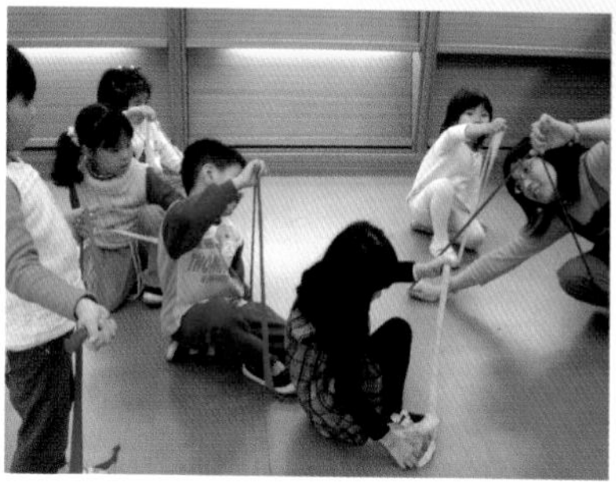

立體的彩虹（二）

貼心小叮嚀

✿老師可以播放輕柔的背景音樂（見需要的教材教具），讓幼兒在愉悅的氣圍下進行沙畫創作。

✿老師引導或示範，讓幼兒自己動手依序來上膠水，準備溼紙巾擦手（或洗手擦乾）後，再讓幼兒們仔細的粘貼上沙子。

✿亦可利用壁報紙讓幼兒共同完成大彩虹後，佈置於教室一隅。

結束活動

請每位幼兒輪流分享自己的作品。

延伸活動：

❶ 器樂合奏：
加入樂器，並以樂器做頑固伴奏（ostinato）。

❷ 創造性肢體律動：
老師利用樂曲（見需要的教材教具）進行肢體造型創作——「立體的彩虹」，請幼兒跟隨著音樂，4 人一組，一人一個樂句，配合樂句拉開（力度）自己手上的彈性絲襪（每一樂句輪流以彈性絲襪拉出一條線），展現出音樂樂句的長度（時間），形成一個肢體空間造型，進行集體的肢體造型創作（空間）。

立體的彩虹（三）

需要的教材教具：

❶ CD 音響。

❷ 音樂 CD：「天使之音 3——聖飛利浦男孩合唱團」，*嬰兒誕生*（***When a Child Is Born***）。台北：新點子音樂。

❸ 彩色彈性絲襪花材料（手工藝品店可購得）。

❹ 不同顏色的沙子（美術社可購得）。

❺ 膠水或白膠數瓶。

美麗的彩虹

傳統兒歌
詞曲改編：吳幸如

3
4
美麗的美麗的天空——裡
出現了出現了彩色的筆
畫上了紅和紫藍和綠
像一座彩色橋通往心底

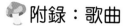

單元 5

小丑的鼻子

活動目標：

❶ 從歌曲中體驗及感受【𝅗𝅥.　　　】的節奏。

❷ 讓幼兒運用肢體的動作來體驗不同的拍子。

❸ 提升幼兒節奏感與樂器合奏的能力。

設計理念：

讓幼兒從活動中透過實際的肢體動作來感受音符的時值，並藉由歌曲來體驗【𝅗𝅥.　　　】的拍數。

活動過程：

引起動機

複習上週的兒歌──「美麗的彩虹」（或以上一單元的延伸活動「立體的彩虹」，利用歌曲帶領幼兒進行肢體造型的律動）。

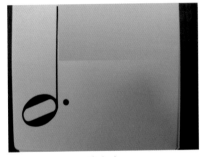

節奏卡

活動一／【𝅗𝅥.　　　】的教學——「美麗的彩虹」

❶ 老師引導幼兒利用肢體不同的部位打出【𝅗𝅥.　　　】固定拍，唱歌曲「美麗的彩虹」（見上一單元附錄）。

❷ 老師簡述一個小故事，【𝅗𝅥.　　　】就像小丑的鼻子一樣，大大的，一壓就會發出 ta-a-a 的聲音……。

❸ 老師告知幼兒此節奏為【𝅗𝅥.　　　】三拍的附點二分音符（口訣 ta- a- a 或 ta- 2-3）。

貼心小叮嚀

老師亦可將幼兒分組：
a 組－【♩（踏腳）♩（拍膝）♩（拍手）】
b 組－【𝅗𝅥.　　　】
讓幼兒更能感受【𝅗𝅥.】的時值。

活動二／器樂合奏——「美麗的彩虹」

❶ 加入樂器敲奏，進行頑固伴奏（ostinato）。

❷ 如下的範例：
中音木琴－
【♩（左手：C 音）♩（右手：G 音）♩（右手：高音 C）】
高音鐵琴－
【𝅗𝅥.（C 音與 G 音齊敲）　　　】
三 角 鐵－
【𝅗𝅥.　　　】

小丑圖卡

小丑手偶

小丑

沙　鈴－

【♫（左、右手交互敲奏）♫　♫　】（可以直接將沙鈴敲打在大腿上，使之更有節奏感）

活動三／節奏排卡

❶ 請幼兒拿出課本裡的附點 2 分音符節奏卡，請幼兒拍出【𝅗𝅥.　】。

❷ 老師拿出之前教過的【♩】【♫】【𝄽】【𝅗𝅥　】節奏卡讓幼兒再次複習。

❸ 請幼兒將課本中的節奏卡拆下，跟隨老師排出節奏卡的順序並打出節奏。

❹ 再加入【𝅗𝅥.　】節奏卡的練習。

❺ 活動結束後，請幼兒將節奏卡放入課本封底裡的節奏卡袋內。

貼心小叮嚀

老師可以利用口白節奏來引導幼兒排出節奏，如：我是 一隻小鳥【♫（我是）♫（一隻）♩（小）♩（鳥）】

結束活動

紙上作業：❶請幼兒翻開課本（p.12），在課本裡小丑的臉上找出【𝅗𝅥.　】，並沿著虛線練習寫出。

❷練習寫出【𝅗𝅥.　】（p.13）。

延伸活動：

＊三拍子的舞蹈：「小步舞曲」

❶ 請老師找出一首 3 拍子或 6 拍子（分成兩個 3 小拍）的歌曲，如：小步舞曲、紅玫瑰……來教幼兒 3 拍子的舞蹈。

❷ 老師播放音樂（見需要的教材教具）讓幼兒欣賞、聆聽。

❸ 老師引導幼兒指揮及走路，可給予幼兒彩色的羽毛來增加趣味性。（走一步【♩.———】的時值，手指揮畫出）。

❹ 兩位幼兒一組，面對面手牽手，配合歌曲走出（往右或左都可以）3 拍子的節奏。

貼心小叮嚀

老師可以在一旁以三角鐵敲出【♩.　　】的時值來伴奏，提醒幼兒走路的拍數。

需要的教材教具：

❶ CD 音響。

❷ 音樂 CD：⑴「小不點・小古典 II」，***巴哈的小步舞曲***，第 36 首；***浦費爾的小步舞曲***，第 38 首。台北：樂石文化製作；聚藝文化發行。
⑵「小不點・小古典 I」，***紅玫瑰***，第 11 首。台北：樂石文化製作；聚藝文化發行。

❸ 樂器：中音木琴、高音鐵琴、沙鈴、三角鐵。

❹ 節奏卡。

❺ 彩色羽毛（手工藝品店即可購得）。

附錄：樂譜

小步舞曲

巴哈（J. S. Bach 1685～1750）

筆記欄

單元 6

小花與狐狸

活動目標：

❶ 了解貓鼬的特徵與生活習性。
❷ 能運用肢體動作表現出音樂的要素。
❸ 培養幼兒互助合作的精神。
❹ 經由音樂圖畫來欣賞音樂並了解曲式與架構。

設計理念：

「貓鼬」是幼兒生活中不容易見到的一種動物，藉由此曲的引導和角色扮演遊戲，讓幼兒認識貓鼬的特徵與習性，使幼兒在輕鬆、活潑的曲調下融入角色的扮演，運用想像力並以團體合作方式，來展現戲劇效果與音樂情境。

活動過程：

引起動機

❶ 老師與幼兒討論貓鼬習性，並以圖畫或書本（見需要的教材教具）讓幼兒欣賞貓鼬的圖片。

❷ 介紹貓鼬：貓鼬是以大家庭為中心生活的族群，一生都互相照顧，遇到困難會聯合起來對抗外敵，一起解決困難，一旦團結起來會比任何動物都勇敢……。

狐狸面具

活動一／音樂欣賞——「小花（貓鼬名）與狐狸」

老師播放音樂（見需要的教材教具），將自製的音樂圖形拿出（範例見幼兒課本p.14～15），掛於白板上，利用音樂圖形和音樂曲式架構，向幼兒述說小花的故事，描述此動物的動作、特性。

＊老師可自編故事範例如下：

有隻貓鼬的領袖叫「小花」，牠們都住在地洞裡，有一天小花帶著家族成員出外覓食，忽然來了一隻狐狸，想抓牠的小孩……，於是小花帶領所有的貓鼬度過重重的危險，不但躲過了危險還找到許多食物。

活動二／肢體動作模仿——角色扮演

待幼兒熟悉故事內容與樂曲後，老師引領幼兒利用肢體動作，模擬故事中動物的姿態和表情。

肢體動作模仿（一）

肢體動作模仿（二）

貼心小叮嚀

老師可以一邊播放音樂，一邊親自帶領幼兒呈現故事內容，並適時的提醒幼兒角色動作模仿。

活動三／音樂劇——「小花與狐狸」

❶ 紙上作業：請幼兒將課本（p.43）的面具拆下，依角色分配將面具戴於臉上，當狐狸的幼兒則戴上由老師另外準備的狐狸面具。

❷ 當幼兒熟悉肢體動作模仿後，老師請一位幼兒當狐狸，老師當小花，其他幼兒當小花家族的成員。

❸ 幼兒戴上面具後，由老師帶領進行音樂劇的表演。

貼心小叮嚀

幼兒配戴面具時，請老師幫忙穿上橡皮筋。

結束活動

＊音響圖形

紙上作業：請幼兒翻開課本（p.14～15），隨著播放的音樂，利用食指跟著音樂圖形畫出線條。

延伸活動：

老師可以加入服裝、道具、背景……製作一齣表演性的音樂戲劇。

音樂劇（一）

音樂劇（二）

需要的教材教具：

❶ CD 音響。

❷ 音樂 CD：經典音樂繪本全集（世界音樂童話繪本）（2000）。「音樂動起來！」，***真假娃娃***，第 6 首。台北：台灣麥克。

❸ 書籍：蒂皮．德格雷 TIPPI（2000）。《我的野生動物朋友》，***用眼睛跟牠們交流***，p.92～95。台北：如何。

❹ 橡皮筋數條（戴面具用）。

附錄：圖譜—小花與狐狸

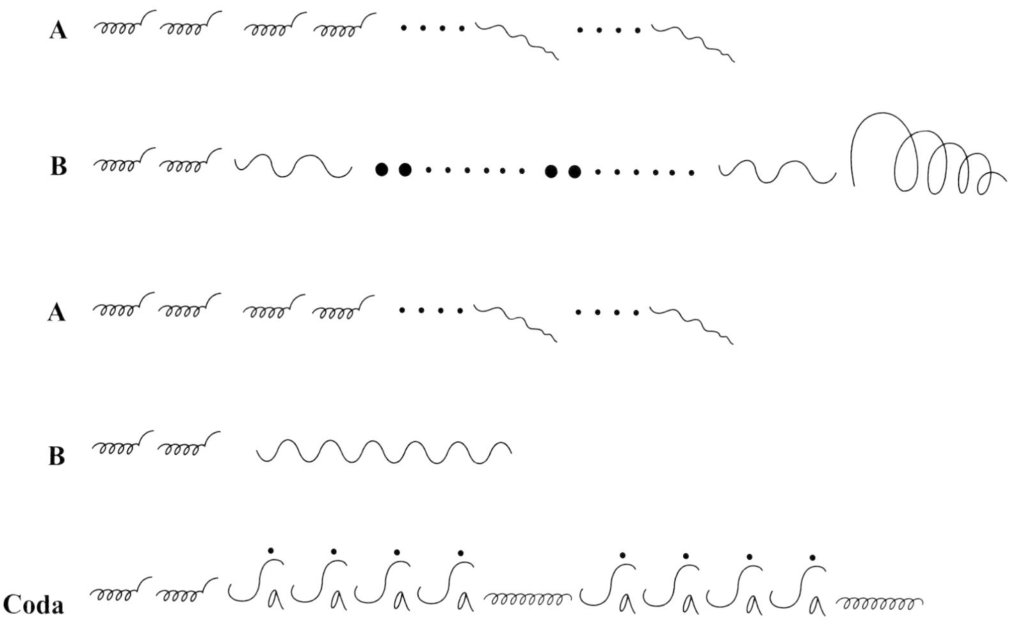

單元7

我是魔術師

活動目標：

❶ 認識魔術師及魔術表演。
❷ 激發幼兒的創造力和想像力。
❸ 培養幼兒肢體協調的控制力。
❹ 利用遊戲讓幼兒感受弱起拍的歌曲形式。

設計理念：

魔術對幼兒而言是具有吸引力的，透過變魔術的活動，利用遊戲讓幼兒感受弱起拍的歌曲形式，並在歡樂的氣氛中，培養幼兒創造思考與肢體造型的能力，能充分的運用肢體動作，細膩的表達對事物的概念。

活動過程：

引起動機

老師和幼兒討論何謂「魔術」，及魔術師的造型、動作、所用的道具為何？是否有用咒語呢？老師亦可播放魔術的影片讓幼兒了解魔術表演。

活動一／肢體創作遊戲——魔術師

老師當魔術師，並告訴幼兒要開始變魔術囉！老師先引導孩子唸一次魔術師的咒語「咕哩咕哩（樂曲中之歌詞：guli guli）～變魔術」，請幼兒聽到咒語時變成一隻動物。如：幼兒一聽到「咕哩咕哩～變魔術」時，即模仿任何一種動物的樣子。

肢體創作遊戲（一）

貼心小叮嚀

老師可以利用圖片（動物或物體），讓幼兒具體的了解到自己將要變成的事物是什麼。

肢體創作遊戲（二）

活動二／兒歌——「我是魔術師」

❶ 老師準備一塊布，請一位幼兒躲到布裡面，並偷偷的讓躲在布裡的幼兒看他手上的圖卡（老師事先準備一些動物的圖片），老師唸完咒語後把布掀開，裡面的幼兒就要變成圖卡中的動物，其他幼兒則猜猜看，此幼兒變的是什麼動物？

肢體創作遊戲（三）

❷ 老師結合肢體動作教唱歌曲（見附錄；幼兒課本 p.17），待幼兒熟悉歌曲後，以分組方式加上肢體動作進行輪唱。

肢體創作遊戲（四）

活動三／複習高大宜手勢符號——Re【 】、Sol【 】
D G

貼心小叮嚀

✿為了複習教過的音高與手勢符號，不需配合CD的播放，老師可以調整與順應幼兒的唱歌速度，並將樂曲從F大調移高兩度成為G大調來唱誦。

✿可以利用輪唱與卡農的方式來唱歌曲。

手勢符號

❶ 老師引導幼兒比出高大宜手勢符號—Re【 】、 Sol【 】，並與幼兒一起唱歌曲（前兩小節不唱歌詞，唱出「唱名」並同時比出手勢符號的動作。）。

❷ 將幼兒分成兩組：a組幼兒唱出唱名之頑固伴奏，同時加上手勢符號的動作，如：

a 組【♩(Re) ♩(Re) 𝅗𝅥(Sol) —— 】，並持續到這首曲子結束。

b組幼兒則唱這首兒歌，並同時進行肢體節奏或加入動作（見附錄二）。

貼心小叮嚀

亦可由老師先教肢體節奏（body percussion）的伴奏後，再進行分組活動。

結束活動

紙上作業：請幼兒為課本中（p.16）的魔術師著色。

延伸活動：

器樂合奏：利用樂器進行合奏。

需要的教材教具：

❶ CD 音響。

❷ 音樂CD：「創世紀音樂舞蹈系列 9——與兄弟共舞」（4421），***A Ram Sam Sam***，第 4 首。台北：上聿文化。

❸ 魔術師的造型，如：高帽子、魔術棒……。

❹ 不透明的大布巾（可以蓋住幼兒的身體）。

❺ 動物圖卡。

附錄一：歌曲

我是魔術師

摩洛哥民謠

詞曲改編：吳幸如

我是魔術師，我是魔術師，gu - li
gu - li gu - li gu - li gu - li 變魔術。
看這~~~~~~~~~~裡，看那~~~~~~~~~~裡，Gu - li
gu - li gu - li gu - li gu - li 變魔術。

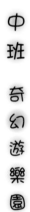

我 是 魔 術 師

歌詞：我是魔術師　我是魔術師

動作：（圍圈拉手逆時針方向走）

咕哩咕哩咕哩咕哩　變魔術

（雙手在胸前做滾動狀）　（手對著中間的布往前甩三下）

看這裡　看那裡

（右手在胸前做波浪狀）　（左手在胸前做波浪狀）

咕哩咕哩咕哩咕哩　變魔術

（雙手在胸前做滾動狀）　（手對著中間的布往前甩三下）

看這裡　看那裡

（右手在胸前做波浪狀）　（左手在胸前做波浪狀）

咕哩咕哩咕哩咕哩　變魔術

（雙手在胸前做滾動狀）　（手對著中間的布往前甩三下）

我是魔術師（一）

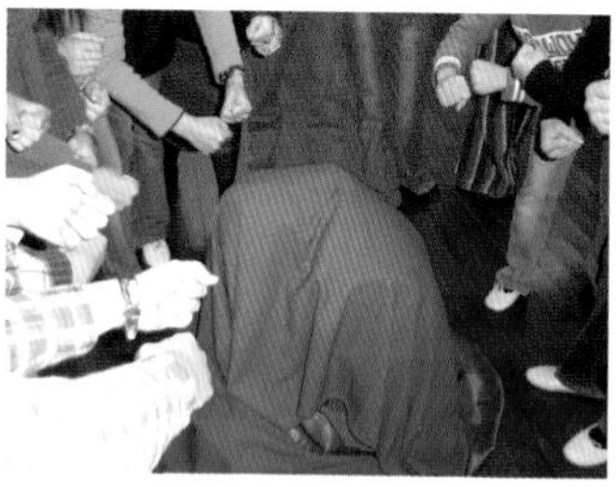

我是魔術師（二）

我是魔術師（三）

單元 8

樂器 DIY：砂紙磚

活動目標：

❶ 訓練幼兒對音色的聽辨能力。
❷ 運用自製樂器進行簡單的合奏。
❸ 啟發幼兒的想像力與創作能力。

設計理念：

聲音的來源與變化在日常生活中隨處可尋，經由探索、巧思與創意，不難發現克難樂器素材的存在。本單元活動幫助幼兒發現生活中有哪些物品可以製作成樂器，希望帶給幼兒廢物利用與環保的概念，此外亦讓幼兒利用不同的素材來從事創作，體驗過程中的樂趣。

＊注意事項：教授本單元時，需提前告知幼兒準備兩個肥皂空盒。

活動過程：

引起動機

❶ 老師請幼兒圍圈坐於地板上，將自己從家中帶來的肥皂空盒子放在前方，觀察自己所帶來的肥皂盒與他人是否相同或有其他不同的圖案、花樣？

❷ 和幼兒討論可用哪些方式，讓肥皂盒發出不同的聲音？例如，用手指指尖在肥皂盒面上輕敲、輕刮；用手拍擊肥皂盒面；兩個肥皂盒互敲……等等。

❸ 老師拿出砂紙，請幼兒想想如何使砂紙發出聲音（如，上下摩擦）……。

❹ 老師拿出已經製作好的砂紙磚（自製樂器）讓幼兒欣賞，並告訴幼兒將自己動手來創造出屬於自己的樂器（製作過程見幼兒課本 p.18）。

活動／樂器製作——砂紙磚

❶ 材料：⑴肥皂盒 2 個（事先請幼兒自己帶來）。
⑵粗的砂紙兩片（大小同肥皂盒側邊面積）。
⑶雙面膠。

砂紙磚（一）

❷ 方法：⑴發給幼兒雙面膠（已剪裁好的長度），請幼兒撕開雙面膠，貼於肥皂盒的側邊。
⑵發給幼兒砂紙兩片，利用安全剪刀裁成肥皂盒的側邊大小。
⑶撕開貼於肥皂盒側邊的雙面膠，將裁好的兩片砂紙各貼在雙面膠上，即可做成簡易的自製樂器「砂紙磚」。
⑷完成後，將兩個肥皂盒兩面砂紙互相摩擦，使其發出聲音。

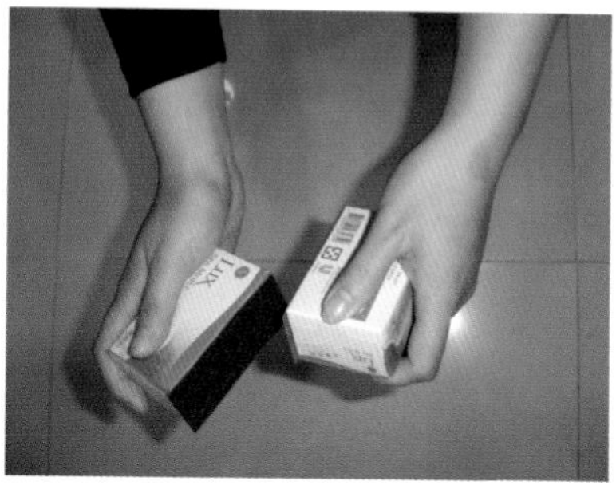

砂紙磚（二）

貼心小叮嚀

老師亦可以發給幼兒色紙，讓幼兒自己剪出圖形，來裝飾肥皂盒的周邊（粘貼於盒上）。

結束活動／兒歌——「我是魔術師」（頑固伴奏）

❶ 複習上一單元兒歌——「我是魔術師」（見上一單元附錄）。

❷ 砂紙磚敲奏兒歌之頑固伴奏。
節奏範例：
【♩ ♩ ♩ 𝄽】或【♩ 𝄽 ♩ 𝄽】

❸ 待幼兒熟悉後分成兩組，a 組以砂紙磚伴奏，b 組進行肢體節奏。

貼心小叮嚀

✿歌曲「魔術師」為弱起拍，老師引導時須注意歌曲的節奏與拍子。

✿全曲可利用【♩ ♩ ♩ 𝄽】來進行頑固伴奏（ostinato），或只於歌詞「魔術師」、「變魔術」時敲奏。

需要的教材教具：

❶ 肥皂盒或紙盒（每位幼兒 2 個）。

❷ 粗砂紙兩片（剪裁成同紙盒側邊面積大小相等）。

❸ 雙面膠。

❹ 色紙。

❺ 安全剪刀數把。

單元9

神鬼奇航

活動目標：

❶ 培養幼兒的創作能力。
❷ 讓幼兒體驗角色扮演的樂趣。
❸ 從活動中發揮肢體創作的能力。
❹ 展現幼兒雙手的協調性與平衡感。

設計理念：

本單元利用手部動作，讓幼兒來感受「劍舞」這首曲子的音樂元素。活動中讓幼兒套上白手套搭配黑布展現創意，除了強化幼兒手部焦點的動作外，亦增進幼兒肢體動作的流暢度及展現戲劇性的效果，並了解到樂曲型態。

＊注意事項：本單元可依幼兒能力分成2次來進行。

活動過程：

引起動機

老師戴上棉質的白色手套，在手套上畫圖案，以角色扮演的方式和幼兒說故事（類似手偶遊戲）。

活動一／藝術創作——美麗的手套

老師發給幼兒手套和彩色筆……繪畫工具，請幼兒在手套上自行畫上喜愛的圖案，如：狗、貓、星星、月亮……。

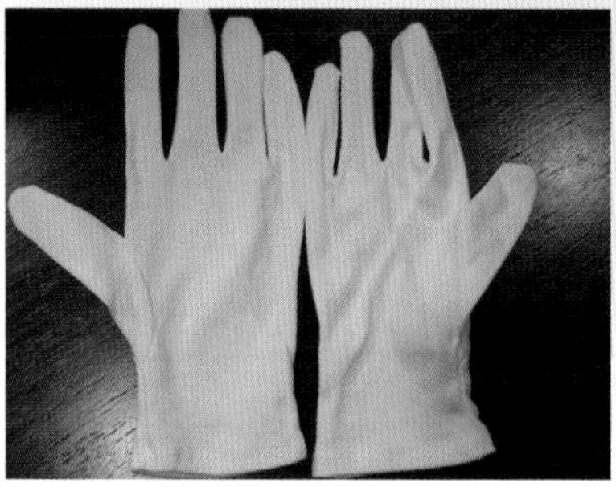

美麗的手套（一）

貼心小叮嚀

✿老師準備的手套需為棉質手套，勿用工地用的手套。

✿完成手套繪畫後，互相分享成果。

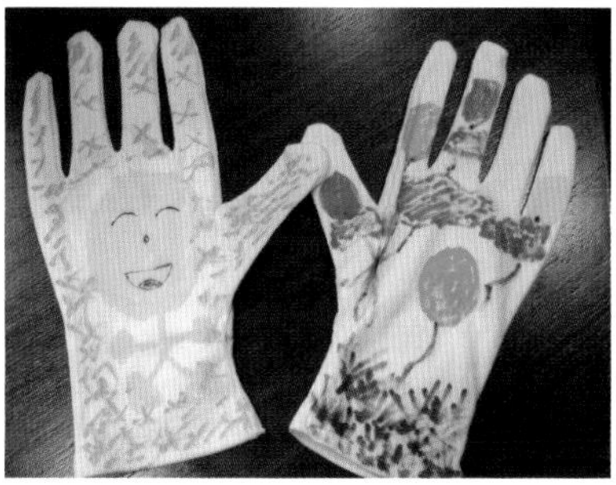

美麗的手套（二）

活動二／魔術表演——「劍舞」

❶ 老師播放音樂（見需要的教材教具），請幼兒舉起雙手配合著音樂，模仿老師手的動作。

❷ 老師將事先準備的大黑布（製作步驟見需要的教材教具）架好（可以木棍或旗桿固定），請幼兒戴上手套後躲在黑布後面，再請幼兒將手由黑布的洞中伸出來。

❸ 老師再次播放音樂，請幼兒配合音樂節奏即興舞動自己的雙手。

貼心小叮嚀

老師亦可配合樂曲，帶領幼兒進行動作的模仿以增加戲劇效果。

活動三／音樂繪畫——神鬼奇航

❶ 老師準備一張大的宣紙，並發給幼兒一人一杯廣告顏料（請老師自行調配顏料濃度，但濃度若過稀，顏色不易在紙上顯現）。

❷ 老師再次播放音樂，請幼兒配合音樂節奏用手沾廣告顏料在宣紙上作畫。

貼心小叮嚀

✿老師可幫幼兒穿上輕便的小雨衣，以防弄髒衣服。

✿亦可利用壁報紙與彩色筆進行音樂繪畫（但比較之下宣紙的效果較能展現出層次感與延展性）。

音樂繪畫

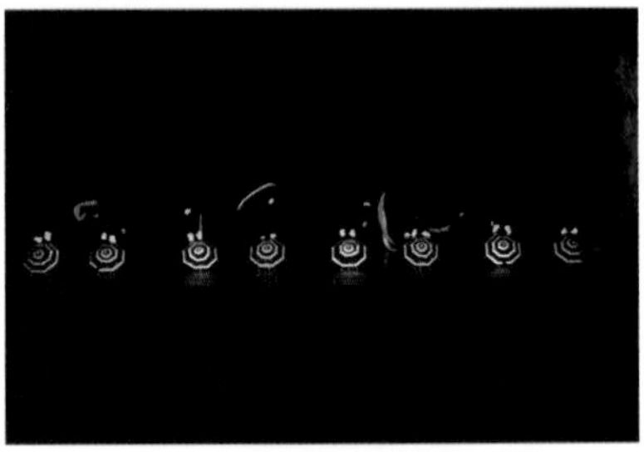

黑光劇表演

結束活動

❶ 請幼兒輪流分享音樂繪圖的內容。

❷ 請幼兒翻開課本（p.19）欣賞「神鬼奇航」。

戲劇表演——神鬼奇航

延伸活動：

若利用彩色筆與壁報紙進行音樂繪圖，可以請幼兒把自己的彩繪手套貼（利用雙面膠）在畫好的那張大作品上（壁報紙），或只使用繪畫作品（宣紙）佈置教室或公佈欄。

需要的教材教具：

❶ CD 音響。

❷ 音樂 CD：「大眾名曲──世界名曲 II」，***劍舞***（***Sabre Dance***），第 10 首。台北：聯記唱片。

❸ 棉質白手套數雙（視幼兒人數，可於大賣場買到）。

❹ 廣告顏料、水彩或彩色筆。

❺ 大張宣紙（可用 2 張宣紙拼貼起來，視宣紙大小而定）或壁報紙。

❻ 大黑布（將黑布剪裁為長方形，長約 300～400 公分，寬約 150 公分，並在黑布中間割出一條條的長裂縫，上下不可切斷，

如圖：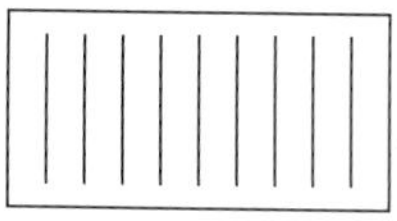）。

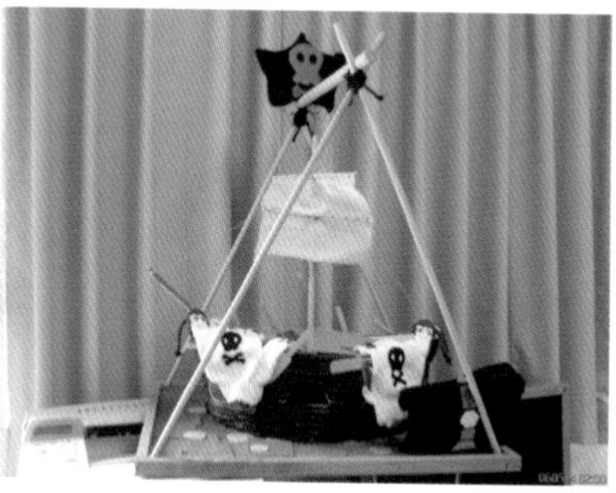

神鬼奇航──海盜船

神鬼奇航

附錄：樂譜片段

劍舞（Sabre Dance）

哈察都量（A. Khachaturian 1903-1978）

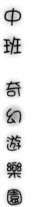

筆記欄

單元 10

雨滴流浪記

活動目標：

❶ 複習 G、E、A、D 音名、音高與位置。
❷ 培養幼兒對節奏的反應能力。
❸ 提升幼兒對樂句辨識的能力。
❹ 從器樂合奏中增進幼兒的專注力。

設計理念：

藉由活動讓幼兒複習教過的G、E、A、D四音的音名、音高與位置，利用傳遞沙包與球的遊戲，增進幼兒的節奏感、反應能力、方向感與手部動作的抓握能力，從傳球的過程中以穩定的速度來感受拍子的進行。

活動過程：

引起動機

老師自編一個雨滴的故事（依歌詞內容改編），讓幼兒由故事中複習G、E、A、D 這四個音，如：有個小雨滴離開了天空，它想四處去旅行，中途遇到許多人幫助它……。

活動一／兒歌「小雨滴」（沙包遊戲）

❶ 教唱歌曲：老師請幼兒圍坐成一個圓圈，老師教唱兒歌「小雨滴」（見附錄；幼兒課本 p.21）。

❷ 待幼兒熟悉歌曲後，利用肢體拍打出頑固伴奏：【♩（拍手）♩（雙手一起拍腿）】或【♩（拍手）♫（雙手分別拍左右腿）】。

❸ 老師請一位幼兒（A）到戶外去，再將沙包拿給在裡面的其中一位幼兒（B），請拿到沙包的幼兒（B）把沙包藏在衣服裡面，爾後，請幼兒（A）進來走到圓圈中並請他找出沙包在哪位幼兒身上。此時大家一起唱「小雨滴」這首歌（方法同❷），當幼兒（A）靠近沙包時，大家就唱大聲；反之，當幼兒（A）遠離沙包時，大家就唱小聲，直到幼兒（A）找到沙包的位置。

沙包

貼心小叮嚀

老師還可以拿響棒、鈴鼓讓幼兒敲奏出固定拍來伴奏。

活動二／球的歌唱——樂句與圓滑音

老師請幼兒圍坐成一個圓圈，老師拿出一顆球，請大家一起唱「小雨滴」這首歌，唱一樂句（8拍）時則將球推向另一位幼兒，拿到球的人，再唱第二句，並將球推向對面的人。

貼心小叮嚀

或是讓幼兒兩人一組，面對面，老師以三角鐵提示樂句，讓幼兒邊傳球邊唱歌。

活動三／球的歌唱——固定拍的感受

❶ 幼兒圍成圓圈坐，請幼兒唱歌曲並依逆時針方向，以固定拍傳球，以三角鐵聲音當訊號。當聽到老師敲三角鐵聲音時，則換方向傳球（依此方式進行，每聽到三角鐵的聲音時，即須馬上反方向傳球）。

❷ 老師可以加快唱曲速度。

球的歌唱（一）

球的歌唱（二）

貼心小叮嚀

✿老師可將幼兒分成三至四組（約6～7人），一人發一個水果（如橘子、柳丁……等硬皮的水果）來進行歌唱傳遞遊戲。

✿唱曲傳遞水果，可敲奏樂器聲響（如三角鐵（♩ 〰〰）），聽到訊號則改變傳遞方向，遊戲結束後送每位幼兒一顆水果。

結束活動

紙上作業：請幼兒翻開課本（p.20），找出小雨滴經過的地方（複習G、E、A、D），並寫上音名。

延伸活動：

老師可以利用歌曲進行器樂合奏（加入旋律樂器的固定伴奏）與肢體節奏的練習。

需要的教材教具：

❶ 沙包數個。

❷ 球數顆。

❸ 水果數種（如橘子、柳丁……等硬皮的水果）。

❹ 樂器：響棒、鈴鼓、三角鐵。

❺ 彩色鉛筆數枝（寫作業用）。

小雨滴

美國兒歌

詞曲改編：吳幸如

2/4
雨滴要去 流 浪 流 浪 流 浪
雨滴要去 流 浪 去 流 浪
天 空 是它的 溜 滑 梯 快 快 流到那 大 海 裡
雨滴要去 流 浪 去 流 浪

筆記欄

單元 11

雨滴的家

活動目標：

❶ 發揮團體合作的精神。
❷ 培養幼兒肢體反應能力。
❸ 增進節奏感與即興創作的能力。
❹ 培養幼兒專心聆聽的態度。

設計理念：

延續上一單元利用歌曲讓幼兒複習G、E、A、D四個音的位置與手勢符號，運用樂器合奏、肢體節奏培養幼兒專心聆聽的態度，享受自創節奏的過程與經驗，更深入的體驗樂曲合奏的樂趣。

活動過程：

引起動機

複習上一單元歌曲：「小雨滴」。

蘿蔔蹲遊戲：

❶ 老師將幼兒分成四組，並讓幼兒為自己的組別命名，如：G（so）、E（mi）、A（la）、D（re）組，老師亦可讓幼兒戴上頭套以示辨別。

❷ 地上以童軍繩排出三條線，引導幼兒分別站到音的正確位置。

❸ 老師講解玩法，老師利用鐘琴敲出任何一音並拿出音名卡：G（so）、E（mi）、A（la）、D（re），聽到此音時，該組幼兒就必須做出蹲的動作並與老師一起唱出唱名。直到老師拿出另一音的音名卡與敲出音高後，才換另一組的幼兒進行蹲與唱的動作。

音名卡

範例：雨滴蹲

老師拿出 G 音名卡，敲鐘琴 G（so）音，G（so）組幼兒就要邊蹲邊唱「so 雨滴蹲，so 雨滴蹲，so 雨滴蹲完〔這時老師立刻拿出另一張音名卡（E），另一組幼兒即須準備蹲唱〕，E（mi）雨滴蹲……」。

雨滴的家——E 音（一）

雨滴的家——E 音（二）

如：【♩（唱名：so）♫（詞：雨滴）𝅗𝅥（詞：蹲）】

【♩（唱名：so）♫（詞：雨滴）𝅗𝅥（詞：蹲）】

【♩（唱名：so）♫（詞：雨滴）♩（詞：蹲）♩（詞：完）】

【♩（唱名：＊）♫（詞：雨滴）𝅗𝅥（詞：蹲）】

＊：任何一個音之唱名

貼心小叮嚀

老師引導時須注意幼兒唱出的音高（pitch）是否準確。

活動二／節奏排卡

❶ 幼兒圍坐成圈圈，老師使用肢體（拍手、拍腳、拍肩、拍地板……）與幼兒玩節拍遊戲。

❷ 請幼兒拿出課本節奏卡袋中的節奏卡，老師拍出「雨滴蹲」節奏，讓幼兒先以手拍出節奏，再排出節奏卡。

❸ 活動結束後請幼兒將節奏卡放回節奏卡袋內。

貼心小叮嚀

老師亦可以利用樂器（如：鈴鼓、響棒、三角鐵、沙鈴）敲打節奏，讓幼兒排出正確的節奏。

活動三／器樂合奏——兒歌「小雨滴」

加入三角鐵、沙鈴、高低木魚、中音鐵琴與低音木琴進行歌曲合奏。

範例：

a.高低木魚：【♩（左）♫（右）♩（左）♫（右）】
b.沙　　鈴：【𝄽　♫　𝄽　♫】
c.三 角 鐵：【𝅗𝅥　𝅗𝅥】
d.中音鐵琴：【𝅗𝅥（左手敲中央 C 音）𝅗𝅥（右手敲高音 C 音）】
e.低音木琴：【♩（左手：低音 F 音）♩（右手：中央 C 音）♩（左手：低音 C 音）♩（右手：中央 C 音）】

貼心小叮嚀

✿老師可依幼兒的能力，編排合奏的樂器，或加入其他不同的小樂器來伴奏。

✿旋律類的樂器可以將不敲奏的琴鍵移除，以方便幼兒的敲擊。

結束活動

紙上作業：連連看——請幼兒翻開課本（p.22），將圖上的數字與點連接起來，看看是什麼小動物？

延伸活動：

＊器樂合奏加入肢體頑固伴奏

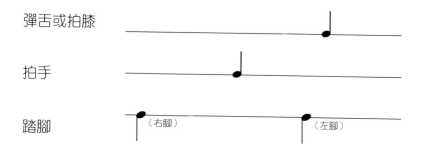

彈舌或拍膝
拍手
踏腳

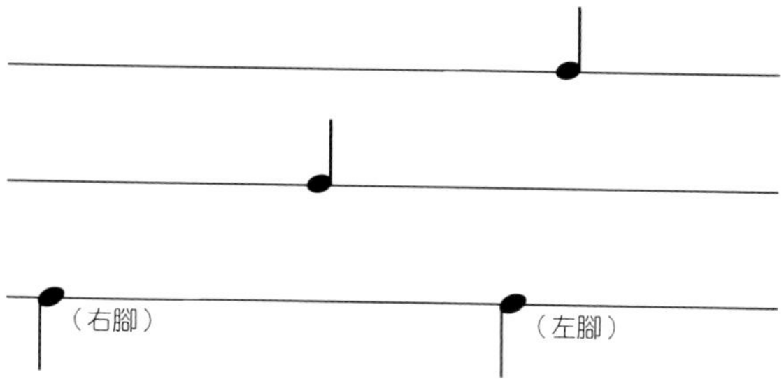

貼心小叮嚀

老師可請幼兒在做彈指動作時，以舌頭來彈出聲音（彈舌）。

需要的教材教具：

❶ 樂器：鐵琴、高低木魚、三角鐵、沙鈴、中音鐵琴、低音木琴。

❷ 音名卡（G、E、A、D 音）。

❸ 節奏卡。

❹ 童軍繩。

❺ 彩色筆數盒。

筆記欄

單元12

康乃馨

活動目標：

❶ 認識的康乃馨由來。
❷ 培養幼兒的音樂性與專注力。
❸ 激發幼兒的創造力與想像力。
❹ 從歌曲中了解母親的偉大與培養感恩的心。

設計理念：

經由歌曲與音樂活動讓幼兒了解母親的偉大，回想一下日常生活中母親是如何的辛勞付出，並從樂曲的詞意去了解媽媽的辛勞。活動中利用歌曲的合奏與製作「康乃馨」增進幼兒手眼的協調性，給予幼兒不同的資源來從事藝術創作，製作美麗的花朵送給母親，增進親子的情感交流，給予回報母親的機會。

活動過程：

引起動機

老師拿出不同顏色、品種的康乃馨，向幼兒介紹康乃馨的由來與康乃馨的相關知識（見附錄三）。

活動一／兒歌——「遊子吟」／器樂合奏

❶ 老師先解釋詞意後，帶領幼兒唱歌曲「遊子吟」（見附錄一；幼兒課本 p.25）。

❷ 待幼兒熟悉後，加入器樂的合奏。
範例：
a. 三角鐵或碰鐘【𝅝⌒】
b. 第 4、第 8、第 12 小節以風鈴【𝅝～～～】來敲奏（三角鐵或碰鐘停止敲奏）。
c.中音鐵琴：(a)【♩（左手：中央C音）♩（右手：G音）𝅗𝅥（右手：高音C音）】
(b)【𝅗𝅥（齊敲：左手中央 C 音；右手 G 音）𝅗𝅥（右手：高音 C 音）】

康乃馨

貼心小叮嚀

此首曲子為弱起拍，老師引導時須注意拍打的節奏，可以利用三角鐵或碰鐘敲出頑固伴奏【𝅝 】，帶領幼兒一起拍手歌唱。

活動二／藝術創作——媽媽的禮物（康乃馨）

製作過程（可配合幼兒課本 p.23）

❶ 翻開課本（p.45），將課本上的製作康乃馨紙卡沿線拆下來（或用安全剪刀剪下）。

❷ 老師將皺紋紙剪成漏斗形 ，發數張粉紅或粉紫色皺紋紙給每位幼兒。

❸ 請幼兒利用安全剪刀，將皺紋紙上端剪成鋸齒狀（花瓣）後，一層層黏在紙卡康乃馨花蒂前後正反面。

綠色膠帶

媽媽的禮物（卡片式）

❹ 發給幼兒綠色膠帶，利用綠色的膠帶由花苞處開始環繞至底端完成花梗。

❺ 將康乃馨花瓣一層層往外剝開成立體狀，即可完成康乃馨。

結束活動

請幼兒翻開課本（p.24），看看圖畫裡的人物，和幼兒討論送康乃馨給媽媽時，要如何表示感恩的心？說些什麼感謝的話語？

需要的教材教具：

❶ 樂器：碰鐘、三角鐵、風鈴、中音鐵琴。

❷ 粉色皺紋紙（剪裁成漏斗形，數量視幼兒人數而定）。

❸ 綠色膠帶（有黏性，手工藝品店或文具店即有販售）。

❹ 安全剪刀數把。

❺ 膠水。

❻ 建議參考書籍：

⑴《台灣知識系列 5——節日的故事》（2003）。台北：登福。

⑵鄭金明編著（2006）。《世界節日的故事》，***母親節***，p.139~144。台中：好讀出版。

附錄一：歌曲

遊子吟

曲：德國民謠　詞：孟郊

慈 母 手 中 線 遊 子 身 上 衣 臨
行 密 密 縫 意 恐 遲 遲 歸 誰
言 寸 草 心 報 得 三 春 暉

附錄二：*母親節*

母親在很多人心中，地位是不可替代的，許多歌曲、詩詞都不乏讚詠、歌頌*母親*的偉大，媽媽對子女的付出往往是不計回報的。*母親節*的由來從古代的希臘、羅馬到中古世紀的英國、德國、美國等都有相關的傳說，每個國家歷史來源不同。較有根據且著名的*母親節*的由來，是由美國一位女子安娜（Ana Jarvis）在其*母親*的忌日（1905 年 5 月的第二個星期日），為紀念*母親*當年在南北戰爭時致力服務人群、維護和平，與一生當中犧牲奉獻的精神，於是在教會舉行追思活動，表揚*母親*的偉大，並安慰因為戰爭而失去*母愛*的兒童們。經過她的大力推廣，到了 1919 年，美國在「追悼陣亡將士大會」決議，每年 5 月的第二個星期日為*母*

親節。如今這個觀念，已遍布全球許多國家，在當天都會舉辦各種活動來表達對母親的感恩與追思。

附錄三：康乃馨

康乃馨（carnation）（為「花冠」、「王冠」之意）原產於南歐、亞洲西部、地中海沿岸，全年開花（2 到 6 月盛產），為石竹科宿根性的草本花卉，花色依品種不同而有不同。母親節送康乃馨的由來，是在美國首次發行母親節紀念郵票上，由美國專家惠勒斯的名畫「母親的肖像」中心部分做為郵票的主體，圖片印著一位慈祥的母親，看著前面的花瓶中的美麗康乃馨。隨著郵件上郵票的傳遞，慢慢的康乃馨就變成了母愛的象徵與代表，在許多人的心中，康乃馨就是母愛的代表。於是，人們紛紛在母親節或紀念母親時佩帶康乃馨，以對為人母的女性表示崇拜與尊敬之意，佩帶紅色康乃馨代表向母親表達敬意與感恩，若母親已過世則佩帶白色以表示內心的追思與懷念。

筆記欄

單元13

吹泡仔

活動目標：

❶ 加強幼兒吸氣與吐氣的練習。
❷ 提升幼兒的節奏感。
❸ 訓練幼兒的肢體敏銳度與協調性。
❹ 增進幼兒藝術創作的能力。

設計理念：

「吹泡泡」遊戲是大多數成人兒時的快樂回憶，當然也是幼兒喜愛的活動，幼兒看到泡泡在空中飄浮時，多會興奮開心的追逐泡泡。本單元運用幼兒喜愛追逐泡泡的特性，讓幼兒在活動的過程中融入肢體的變化，並經由吹泡泡的遊戲加強幼兒吸氣與吐氣的練習，增進幼兒的肺活量與歌唱、呼吸技巧。

＊注意事項：本單元可依幼兒能力分成 2 次來進行。

活動過程：

引起動機

＊肢體開發——我是小泡泡

❶ 與幼兒討論彩色的泡泡球，老師拿出泡泡罐吹出泡泡，利用泡泡在空中飄

泡泡罐

美麗的泡泡（一）

浮的過程讓幼兒觀察泡泡的變化：
由吹氣漸漸變大→整群小泡泡離開吹嘴器→慢慢往上飄→漸漸擴散開來→有些泡泡往上升；有些泡泡往下降→直到泡泡破掉……。

❷ 老師帶領幼兒來扮演小泡泡，由老師模仿吹氣漸漸變大（全體幼兒聚集後，將肢體慢慢擴張）→整群小泡泡離開吹嘴器（肢體慢慢擴張後、漸漸離開中心聚集處）→慢慢往上飄→漸漸擴散開來→有些泡泡往上升（肢體往上延伸）；有些泡泡往下降（肢體往下延伸）→直到泡泡破掉（直到整個身體放鬆躺下）……。

❸ 請幼兒將自己當成小泡泡，利用嘴巴發出聲音來吹氣，使自己的身體慢慢擴張、變大……。待老師以三角鐵敲奏【𝅗𝅥～～～】時，變成泡泡的幼兒自己飛舞在教室中，直到泡泡破掉……。

肢體開發（一）

肢體開發（二）

貼心小叮嚀

由於觀察泡泡破掉時會有「波一聲」的感覺，所以引導幼兒在「直到泡泡破掉（直到整個身體放鬆躺下）」前可以做出小小肢體跳動之動作。

活動一／童韻——「吹泡仔」（說白節奏／肢體節奏）

老師利用童韻（見附錄；幼兒課本 p.27）結合肢體節奏教導童韻。

肢體節奏範例：

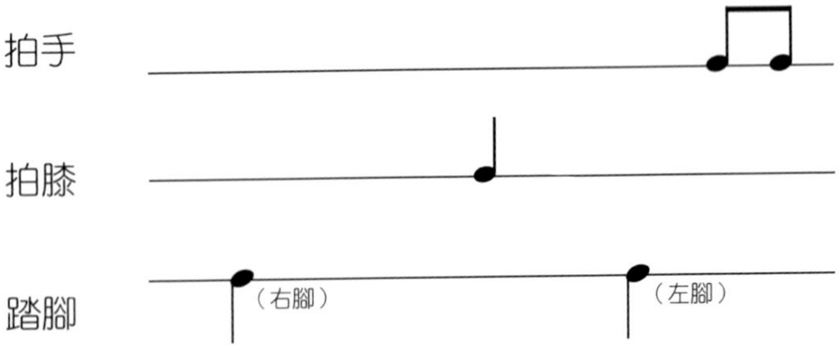

活動二／兒歌——「吹泡仔」：輪唱／器樂合奏

❶ 輪唱：幼兒熟悉歌曲後，請其圍圈坐在地板上，老師將幼兒分成兩組進行輪唱，A 組唱兩小節後，再請 B 組開始唱……。老師可先教導幼兒雙手拍打節奏【♩♩♩♩】伴奏，再換成肢體節奏【♩（拍手）♫（雙手分別拍左右腿）♩（拍手）♩（雙手一起拍腿）或（雙手一起拍地板）】來伴奏歌曲。

❷ 器樂合奏：老師可將幼兒分組，並分發不同的樂器讓幼兒進行合奏。

範例：

a. 高低木魚：【♩（左）♫（右）♩（左）♩（右）】

b. 碰　　鐘：【𝅝 ⁀⁀⁀⁀⁀⁀】

c. 鈴　　鼓：【𝅗𝅥 ～～～～～ 𝅗𝅥 ～～～～～】

d. 中音木琴：【♩（左手：G音）♩（右手：高音C）♩（右手：中央C音）♩（右手：高音C）】

e. 中音或高音鐵琴：【♩（左手：G音）♩（右手：A音）𝅗𝅥（左手：G音）】（可將此部分當成前奏）

貼心小叮嚀

✿老師可依幼兒程度調整節奏的難易度與伴奏型態。

✿可將旋律類的樂器不需敲奏的琴鍵移除，方便幼兒能正確的敲奏出指定的音程。

✿樂曲亦可移至D大調來歌唱。

活動三／藝術創作——美麗的泡泡

❶ 老師在地板上舖上一張大宣紙（底下需舖放舊報紙，以防地板潮溼）。

❷ 老師發給幼兒吹泡泡的工具：裝肥皂水的杯子、吸管，請幼兒將泡泡吹在宣紙上，形成一幅美麗的畫（見幼兒課本 p.26）。

貼心小叮嚀

吹泡泡的工具：

✿利用肥皂水加入廣告顏料或水彩，讓其產生各種顏色，整張藝術品將有色彩並且更生動活潑。

✿可將幼兒分組後，發給每一組大宣紙來進行活動，較不易產生碰撞。

結束活動

老師與幼兒分享作品並將「美麗的泡泡」貼於公佈欄。

需要的教材教具：

❶ 泡泡水杯或泡泡罐。

❷ 吸管。

❸ 廣告顏料或水彩。

❹ 大宣紙數張、舊報紙數張。

❺ 樂器：高低木魚、碰鐘、鈴鼓、中音木琴、中音或高音鐵琴。

吹泡仔（台語）

詞曲：吳幸如

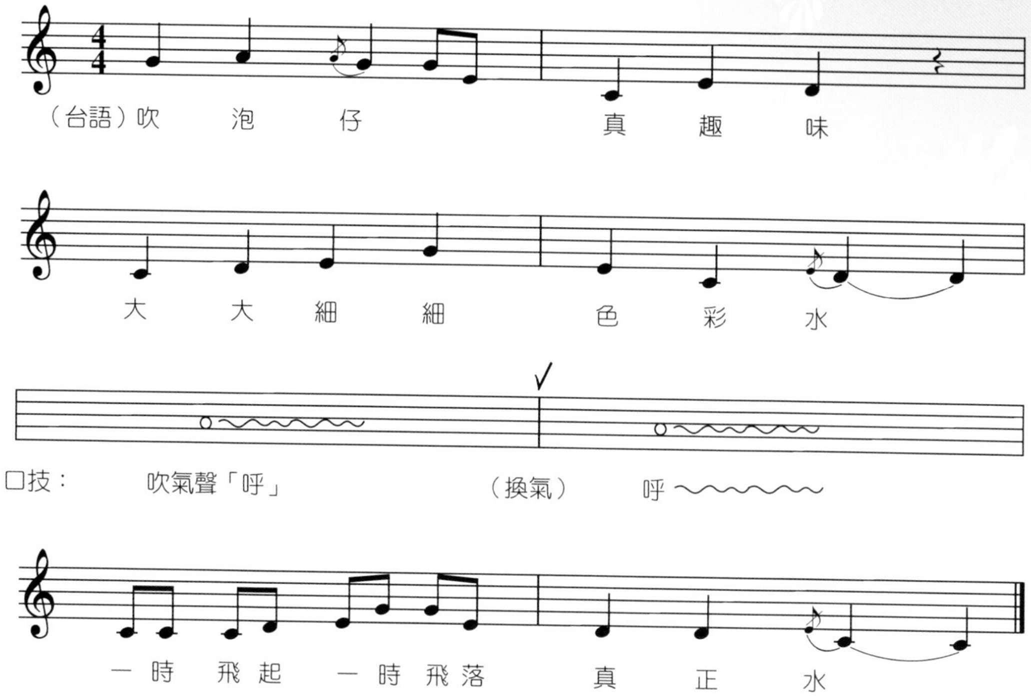
（台語）吹 泡 仔 真 趣 味
大 大 細 細 色 彩 水
口技： 吹氣聲「呼」 （換氣） 呼
一 時 飛 起 一 時 飛 落 真 正 水

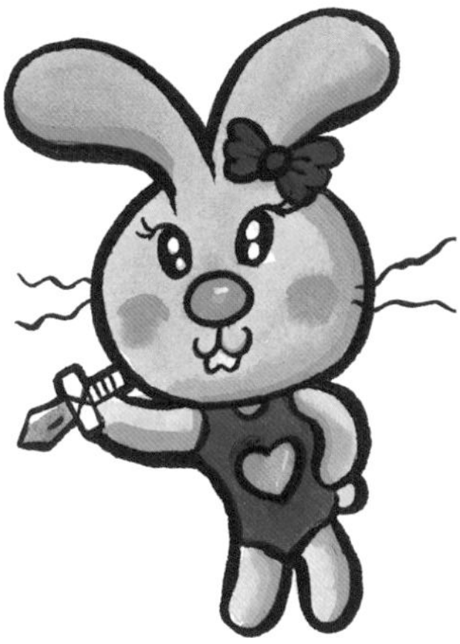

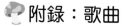

單元14

划龍舟

活動目標：

❶ 介紹端午節的由來與相關傳奇故事。
❷ 了解端午節應景植物所象徵的意義。
❸ 培養幼兒的音樂性與節奏感。
❹ 從活動中促進幼兒的人際互動。

設計理念：

透過中國端午節的傳說故事，引導幼兒了解端午節的由來，並帶領幼兒透過兒歌，感受音樂的節奏感、發揮肢體創造能力，與體驗龍舟競賽遊戲的樂趣。

活動過程：

引起動機

端午節的由來與傳說：

❶ 老師拿出神祕箱，並於箱中放入粽子、香包、菖蒲、艾草、石榴花、蒜頭和山丹等與端午節相關的物品，讓幼兒摸摸神祕箱中的物品，並請幼兒猜猜物品名稱及和什麼節慶有關。

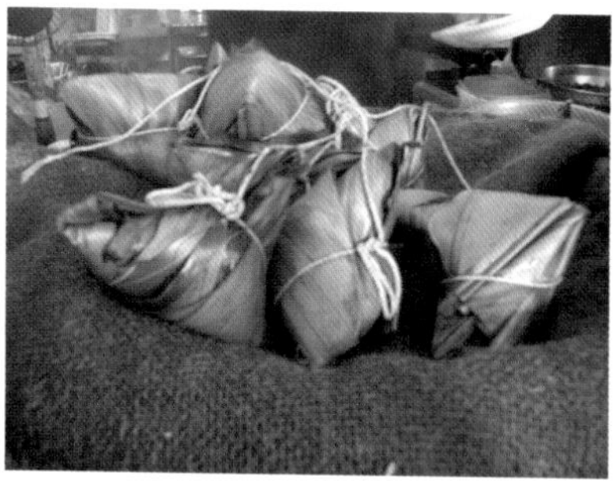

粽子

彩色的粽子

❷ 老師利用故事書（見需要的教材教具）向幼兒介紹端午節的由來與傳說：吃粽子的由來……。

活動一／兒歌——「划龍舟」（肢體頑固伴奏）

帶領幼兒圍圈坐，唱曲子（見附錄；幼兒課本 p.29）並進行頑固伴奏：拍腿【♩♫ ♫♩】（分別左右拍腿），唱到第 4 小節時與第 8 小節時拍手，如：【♩♫♪𝄾（拍手 3 下）】。

活動二／音樂遊戲——「划龍舟」

❶ 老師將幼兒分成兩組，發給幼兒童軍繩，並帶領兩組幼兒將童軍繩放在地上排成一艘龍船，範例如下圖的外圍框線。

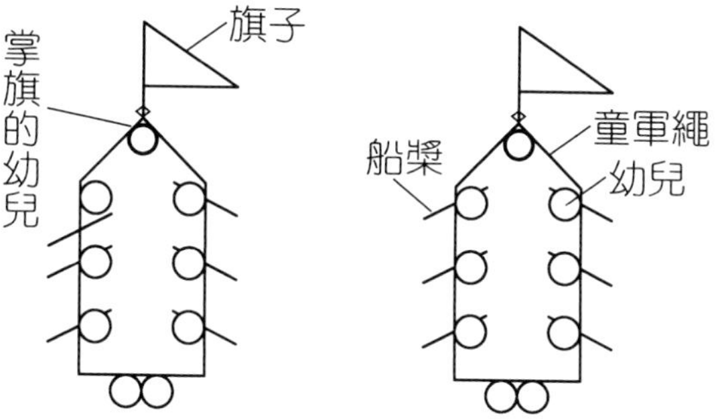

划龍舟

龍舟

貼心小叮嚀

老師可視幼兒的人數，利用童軍繩來圍排出船身的大小，亦可讓幼兒發揮創意，創造出船身的樣式。

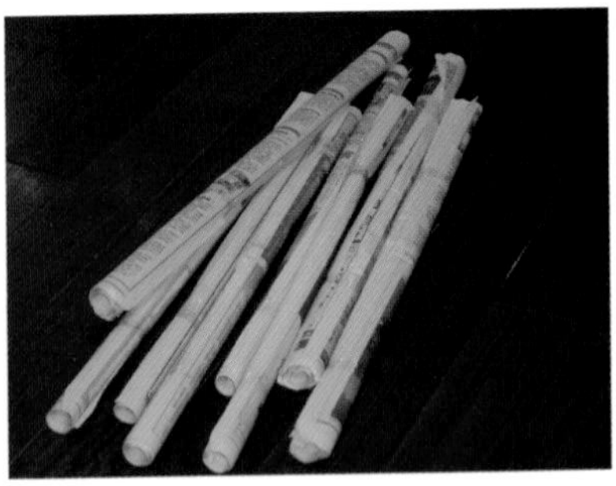
道具——船槳

❷ 發給幼兒報紙，請幼兒將報紙捲成棒子，以膠帶將報紙固定當成船槳。

❸ 於兩組幼兒中分別找出一人負責掌旗、船尾兩人（一人敲邦哥鼓、一人敲鈸），其他幼兒以報紙捲成筒狀當槳，分別坐於船兩側。

❹ 活動過程：
參考「活動一」的節奏型態及方式，敲邦哥鼓的幼兒敲擊【♫♩（左右拍打）♫♩（左右拍打）】的節奏進行伴奏，請拿鈸幼兒於第 4 小節時與第 8 小節拍敲擊鈸，如：【♫♩♪𝄾（敲 3 下鈸）】。拿槳的幼兒亦同時依節奏【♩】來划船，當唱到第 4 與第 8 小節「鏘咚鏘」（【♫♩♪𝄾（敲 3 下鈸）】）時，拿槳的幼兒暫停動作。活動中亦請兩船掌旗的幼兒搖動旗子作勢吶喊，如比賽的競爭盛況。

結束活動

紙上作業：請幼兒翻開課本（p.28），老師發給幼兒彩色筆，幫龍舟著上顏色。

需要的教材教具：

❶ 粽子、香包、菖蒲、艾草……等端午節應景物品（端午節前夕可於市場購得）。

❷ 神祕箱（紙箱）。

❸ 建議參考書籍：

⑴作者／改編：荊其柱。繪圖：秦龍。《節日故事——端午節的故事》。台北：東華出版。

⑵《台灣知識系列 5——節日的故事》，***粽葉飄香過端午***，p.72-73。台北：幼福文化。

⑶繪本：《中國民俗節日故事》，*6 流浪詩人（端午）；7 白蛇傳奇（端午）；8 鍾魁抓鬼（端午）；9 投江尋父（端午）*。台中：元生文化。

❹ 童軍繩數條。

❺ 報紙數張。

❻ 膠帶。

❼ 紙旗子兩支。

❽ 樂器：邦哥鼓、手鈸。

❾ 彩色筆數盒。

附錄一：歌曲

划龍舟

美國民謠

詞曲改編：吳幸如

嘿 嘿嘿 嘿呀 ！ 拿起 槳 往前
咚 咚咚 鑼鼓 鏘 咚 鏘
嘿 嘿嘿 嘿呀 ！ 拿起 槳 往前
我 們要 努 力 得 到 獎！

附錄二：端午節傳說故事

1.紀念屈原：愛國詩人屈原跳下汨羅江而亡，居民競相划船（賽龍船）希望找到屈原的屍體……，並且在江裡投下許多用竹筒裝好的米食，不讓屈原的屍體被魚蝦吃掉，後來演變成用竹葉包裹好的米食（粽子）投入江裡餵魚、蝦，紀念屈原的愛國之心。此活動在現代則為象徵團隊精神的表現活動，每年在台灣全省各地的主要河川，都會舉辦划龍舟比賽，近年來亦舉辦國際性的邀請賽，由於龍舟比賽是端午節最有特色的活動，所以外國人稱中國的端午節為「The Dragon Boat Festival」。

2.白蛇傳說：傳說白蛇白素貞，為了報答許仙當年的恩惠，於是化為人身與許仙結為夫妻的淒美愛情故事。故事中描述端午節當天白蛇因喝了雄黃酒，現出蛇形……，加上法海法師與白蛇、青蛇的鬥法及水淹金山寺的情節，都是膾炙人口的民間傳說，亦為常在舞台上表演的戲曲之一。

3.孝女尋父：東漢孝女曹娥，其父親溺江而亡，十四歲的她沿江哭喊尋父不著，於是在 5 月 1 日投江隨父而去，五天後被人發現兩屍合抱浮起，因孝心感人至深，鄉民因而祭拜感懷她的孝心。

單元 15

歡慶端午

活動目標：

❶ 了解香包的由來、種類及製作過程。
❷ 培養幼兒對色彩組合的能力。
❸ 加強幼兒動手製作的能力。
❹ 認識端午節的習俗與相關活動。

設計理念：

端午節是民間極為重要的節日，在這個節日中除了流傳多年的划龍舟外，驅蟲、避邪的艾草香包，更是端午節不可少的必備物品。香包是一種吉祥的避邪物，用各色綢布製成囊狀，裡面放置香料，因而稱為香包。以往香包的縫製是一項極為重要的女紅，現今皆可從精品店或商家購得。藉此單元讓幼兒了解香包的來源，並體驗製作香包的樂趣，發揮想像力，感受創作的喜悅與成就感。

活動過程：

引起動機

器樂合奏：兒歌「划龍舟」
老師引導幼兒複習上週教過的兒歌。

艾草粉

香草

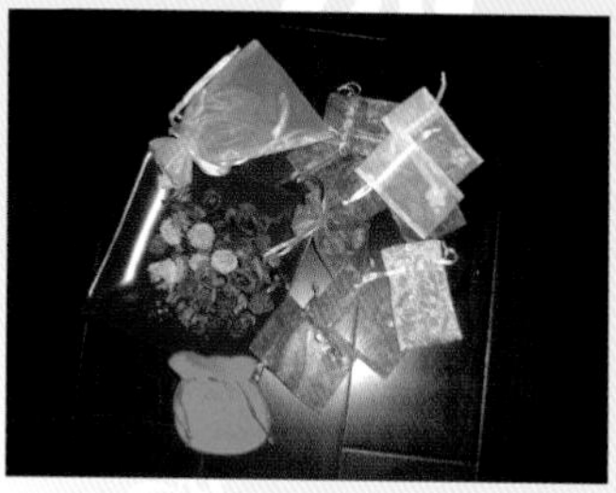
香包

活動一／香包的由來

❶ 老師以故事書或圖片來向幼兒說明香包的由來（見附錄一）。

❷ 向幼兒說明艾草粉的功用與避邪、驅蟲的傳說（見附錄二）。

活動二／藝術創作——美麗的香包

❶ 老師發香包的材料〔一個袋子（滷包空袋）、些許艾草粉、中國結繩、彩色筆〕給每一位幼兒。

❷ 請幼兒用彩色筆在香包袋（滷包空袋）上，畫上自己喜歡的圖案或上色。

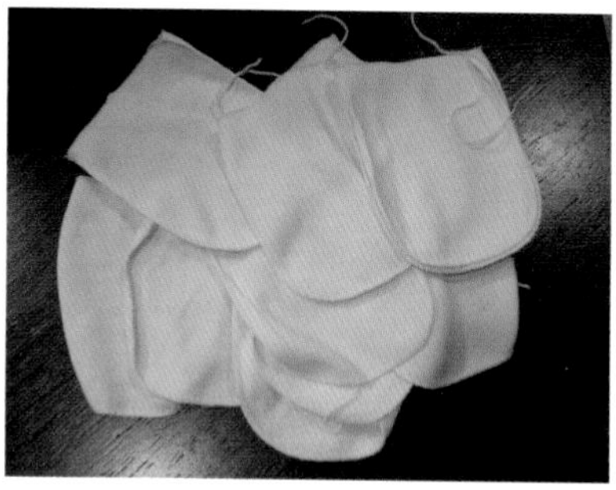
香包袋（一）

❸ 協助幼兒一起將少許艾草粉放入袋中綁好，再於袋口綁上中國結繩當項鍊帶〔老師協助以中國結繩綁好袋口，即完成「香包」，可佩帶於胸前（或頸間）〕。

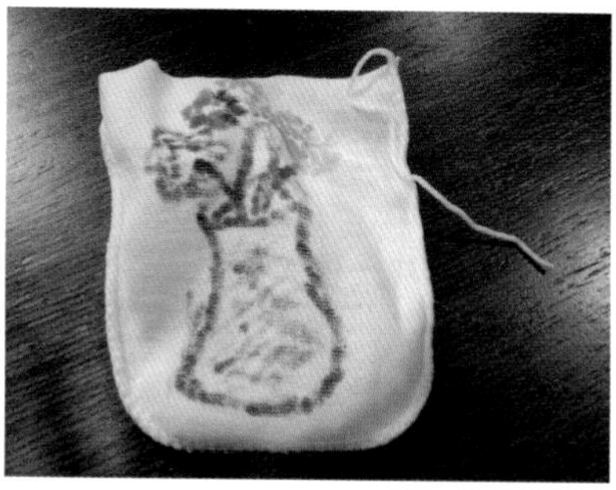
香包袋（二）

結束活動

❶ 請幼兒分享彼此的作品。

❷ 請幼兒翻開課本（p.30），看看小丑與小猴子在做什麼？

需要的教材教具：

❶ 香包成品。

❷ 建議參考書籍：
⑴作者／改編：荊其柱；繪圖：秦龍。《節日故事——端午節的故事》。台北：東華出版。
⑵《台灣知識系列 5——節日的故事》，***粽葉飄香過端午（香包的由來 p.74-75）***。台北：幼福文化。
⑶鄭金明編著（2006）。《世界節日的故事》，***端午節***，p.151~157。台中：好讀出版。

❸ 艾草粉（中藥器材行）。

❹ 滷包空袋（中藥器材行）。

❺ 中國結繩數條。

❻ 彩色筆數盒。

❼ 樂器：邦哥鼓、手鈸。

附錄一：香包的由來

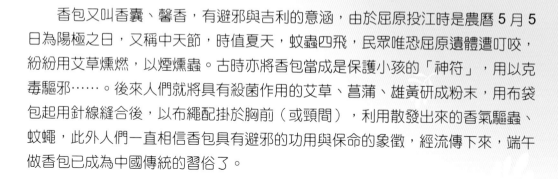

香包又叫香囊、馨香，有避邪與吉利的意涵，由於屈原投江時是農曆 5 月 5 日為陽極之日，又稱中天節，時值夏天，蚊蟲四飛，民眾唯恐屈原遺體遭叮咬，紛紛用艾草燻燃，以煙燻蟲。古時亦將香包當成是保護小孩的「神符」，用以克毒驅邪……。後來人們就將具有殺菌作用的艾草、菖蒲、雄黃研成粉末，用布袋包起用針線縫合後，以布繩配掛於胸前（或頸間），利用散發出來的香氣驅蟲、蚊蠅，此外人們一直相信香包具有避邪的功用與保命的象徵，經流傳下來，端午做香包已成為中國傳統的習俗了。

附錄二

1.艾草：是一種可以治病的藥草，針灸裡面的灸法，就是用艾草做為主要成分，放在穴道上進行灼燒來治病。坊間也有傳說：將艾草插在門口，可以使身體健康、免於病痛，或栽種艾草於住家周圍，祈求平安的習俗。

2.有些地方習俗是於端午節時，在門前掛石榴、艾草、菖蒲（蒲劍）、胡蒜、山丹……據說胡蒜能除邪治蟲毒；山丹能治顛狂症等等。

3.艾、榕、菖蒲：用紅紙綁成一束或作人形，或削成劍狀，插懸於門上，象徵祛除不祥的寶劍。又因為菖蒲葉片呈劍型，人們稱它為「水劍」，後來的風俗引申為「蒲劍」，可以斬千邪。此外民間亦有傳說其作用和靈符一樣，有驅邪納福之功用。

4. 雄黃酒：民間將此酒塗抹於小孩的身上，如手心、額頭、腳底……，據說有殺菌解毒功用。

單元16

氣球的旅行

活動目標：

❶ 從音樂遊戲中促進幼兒肢體協調的能力。
❷ 提升幼兒肢體對空間的感受與探索能力。
❸ 增進幼兒節奏感與專注力。

設計理念：

用氣球做為題材，引導幼兒利用肢體去感覺氣球的飄動；利用輕柔的音樂為背景，讓幼兒以身體各部位去拍打氣球，活動中除了展現肢體的協調力外，並能帶動幼兒感受肢體的輕柔與流暢度。

活動過程：

引起動機

❶ 先拿出一顆氣球，與幼兒討論氣球充滿氣的樣子。

❷ 老師再吹一顆氣球，讓幼兒觀察氣球慢慢漲大與氣球放氣後消氣的情形。

活動一／肢體開發——肢體造型

❶ 請幼兒扮演氣球，老師假裝吹氣球，同時請幼兒的身體慢慢的漲大（靜止成一個肢體造型），當老師打鼓時，請幼兒模仿氣球消氣，嘴巴並發出「噓」的聲音，直到氣球消氣下來並停止（身體慢慢軟化、躺下）。

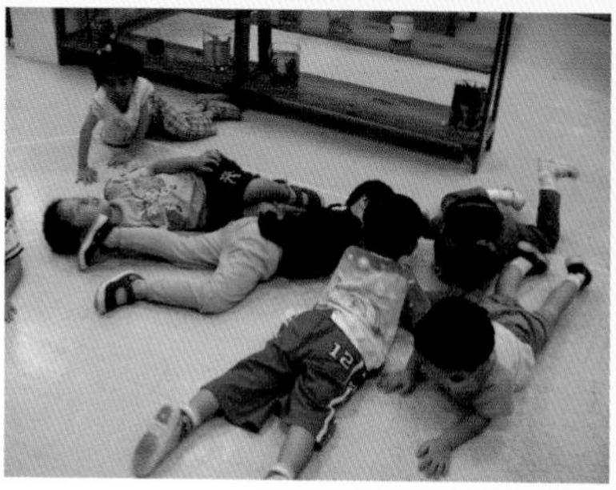
肢體造型遊戲（一）

❷ 請幼兒創作不同形狀的氣球（肢體雕塑）。

肢體造型遊戲（二）

貼心小叮嚀

老師假裝吹氣球時，可以利用樂器敲奏出漸強（crese.）與漸弱（decresc.），引導幼兒肢體的伸展與收縮。

活動二／創造性肢體遊戲

❶ 依幼兒人數準備已經灌好氣的氣球。

❷ 老師發給幼兒氣球，並利用背景音樂（任何輕柔的音樂即可），引導幼兒利用肢體不同的部位去頂或拍打氣球，試著讓氣球不掉落，感覺氣球的飄動力度〔例如用頭、肩膀、肚子、腰、腳……去頂氣球，試著轉換不同的肢體動作（見幼兒課本 p.31）〕。

貼心小叮嚀

老師亦可利用樂器敲奏的音響來當訊號，引導幼兒做肢體動作的轉換。如：敲奏沙鈴時以肩膀頂氣球；拍打鈴鼓時以左、右手手心朝上，交互拍打氣球……等等。

活動三／氣球舞

老師帶領幼兒跳氣球舞。

前奏：大家手牽手（手腕綁著小氣球），肢體跟著節奏韻律做準備。

A 段（8 拍× 2）：大家手牽手，跟著節奏順時針繞圈圈走。

B 段（8 拍× 2）：第一個 8 拍——面向圓心，以【♩♩♩♩】的節奏速度往前（圓心）走四步】，並將綁著氣球手往上伸展。

第二個 8 拍——身體彎腰，快速往後（圈外）退，並將綁著氣球手往下伸（＊反覆 B 段 2 次）。

氣球舞（一）

氣球舞（二）

全舞曲共反覆 4 次。

以 A 段（8 拍× 2）：大家手牽手跟著節奏順時針繞圈圈走做為結束。

貼心小叮嚀

老師可以利用鋼琴彈奏旋律進行聽訊號活動，如：老師彈奏跳音時即用頭頂氣球，彈奏低音時以腳頂氣球，彈奏附點旋律時則用肩膀頂氣球……，讓幼兒聽節奏與旋律的變化來變更肢體動作。

結束活動

＊彩色的氣球

紙上作業：請幼兒翻開課本（p.32），老師發給幼兒彩色筆，讓幼兒創作出造型氣球（如動物造型、水果造型……），送給小猴子。

延伸活動：

＊器樂合奏與舞蹈

老師將幼兒分成兩組，a 組跳氣球舞，b 組敲樂器伴奏。

需要的教材教具：

❶ CD 音響。

❷ 音樂 CD：「哈囉！一起來跳舞吧！」（4468），*氣球（Luftballon）*，第 2 首。台北：上聿文化。

❸ 氣球數顆（視幼兒人數而定）。

❹ 打氣筒。

❺ 樂器：三角鐵、響棒、鼓、鋼琴。

❻ 彩色筆數盒。

附錄：曲式分析

前奏~

A段	‖: B段	B'段 :‖
（8拍×2）	（8拍×1）	（8拍×1）

筆記欄

單元17

竹竿舞

活動目標：

❶ 認識菲律賓的風土民情。
❷ 幫助幼兒感受音樂中的固定拍。
❸ 培養幼兒肢體動作的敏銳度。
❹ 增進與班上幼兒（外籍父母）情感的交流。

設計理念：

菲律賓是一個群島國家，其傳統的竹竿舞是人們休閒的娛樂舞蹈，能表現出豐富的節奏感，從節奏性的舞步中亦能考驗舞者身體的平衡與協調性，其中充滿活潑歡樂的氣氛。本單元讓幼兒了解菲律賓之風土民情，帶領幼兒從舞蹈中來感受歌曲的節奏與旋律，運用節奏性的動作體驗肢體律動的樂趣，增進與幼兒間情感的交流。

＊注意事項：本單元可依幼兒能力分成 2 次來進行。

活動過程：

引起動機

老師以圖片（梯田景觀）或與菲律賓相關之物品，如：樂器、衣服……介紹菲律賓這個國家。

活動一／節奏傳遞遊戲

❶ 老師播放樂曲（見需要的教材教具），帶領幼兒用響棒敲打頑固伴奏。節奏如下

𝄆 ♩（雙手拿響棒敲地板 1 下）♩（雙手拿響棒敲地板 1 下）♩（響棒互敲）♩（雙手拿響棒敲地板 1 下）𝄇

❷ 請幼兒圍圈坐，發給每位幼兒一組響棒，放於座位前方。

❸ 利用頑固伴奏 𝄆 ♩ ♩ ♩ ♩ 𝄇 進行節奏傳遞遊戲。

❹ 範例：第一拍拿起響棒，第二拍響棒互敲，最後兩拍（三、四拍）將響棒傳遞放置於右邊的幼兒的正前方。

圖示：

節奏傳遞遊戲（一）

節奏傳遞遊戲（二）

節奏傳遞遊戲（三）

節奏傳遞遊戲（四）

貼心小叮嚀

老師可以決定傳遞的方向，或只拿單一支響棒來傳遞，只要大家動作一致即可。

活動二／創造性舞蹈——竹竿舞（Tinikling）

❶ 老師帶領幼兒跳竹竿舞（地上以童軍繩代替），位置如下（可同時 4 位幼兒一起進行）：

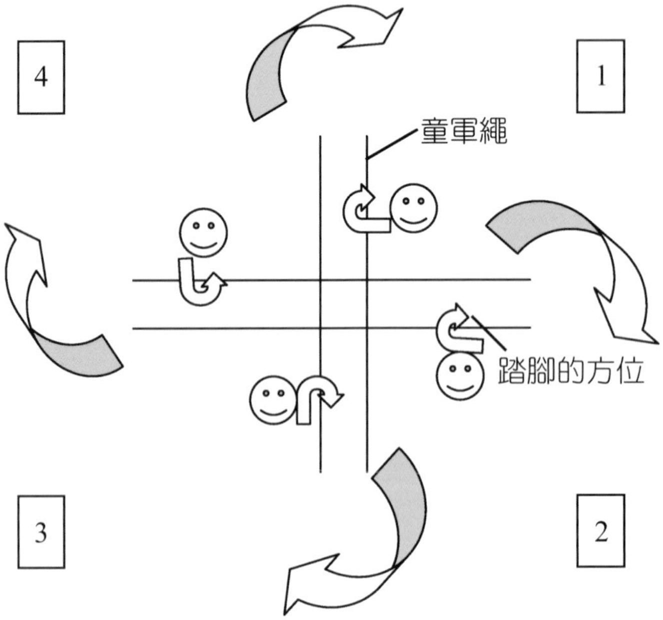

❷ 舞序（樂譜參見附錄）

a. 前 8 小節的節奏跳法同一般之竹竿舞（弱起拍不跳）。

b. 9 至 15 小節請幼兒往左走到前一位幼兒位置，並且手拍出固定拍（如第 1 位幼兒走到第 2 位幼兒的位置；第 2 位幼兒走到第 3 位幼兒的位置……，以此類推）。

c. 方法同 a.與 b.（利用相同的節奏與旋律進行數次）。

竹竿舞（一）

竹竿舞（二）

竹竿舞（三）

竹竿舞（四）

結束活動

請幼兒翻開課本（p.33），看看菲律賓美麗的傳統服飾與舞姿。

延伸活動：

邦哥鼓

＊器樂合奏與竹竿舞

❶ 將幼兒分成兩組：a 組跳竹竿舞，b 組敲樂器伴奏。

❷ 器樂伴奏的幼兒再分成三小組：

(a)組：邦哥鼓－【♩(左鼓：左手)♫(右鼓：右手)♩(左鼓：左手)♫(右鼓：右手)】

(b)組：響　棒－【♩(雙手拿響棒敲地板 1 下)♩(雙手拿響棒敲地板 1 下)♩(響棒互敲)♩(雙手拿響棒敲地板 1 下)】

(c)組：碰　鐘－【𝅝】

貼心小叮嚀

✿此首樂曲為弱起拍，老師需注意帶領合奏的技巧。

✿老師亦可利用「青春舞曲」或「捕魚歌」來帶領竹竿舞，伴奏同上。

需要的教材教具：

❶ 童軍繩數條（視幼兒人數與教室空間而定）。

❷ CD 音響。

❸ 音樂 CD：
⑴「舞於校園中」（4424），***太陽舞（Indo Eu）***，第 5 首。台北：上聿文化。
⑵「童謠世界 3」，***捕魚歌***，第 5 首。台北：金橋唱片。
⑶「東方的天使之音 7 西北雨」，***青春舞曲***，第 2 首。台北：風潮唱片。

❹ 樂器：邦哥鼓、碰鐘、響棒。

附錄一：菲律賓簡介

菲律賓與台灣相隔著巴士海峽，地處亞洲，大多是屬於馬來人，深受西方影響形成獨特的文化。菲律賓由 7,107 個島嶼組成，呂宋（Luzon）和民答那峨（Mindanao）是全境最大島嶼，呂宋（Luzon）島北部有非常壯觀的梯田，美麗的景象被列為世界奇觀之一。陽光、沙灘、海洋、珊瑚礁是多數人對菲律賓的印象，到訪菲律賓的旅客無不換上泳裝，潛水海底欣賞色彩絢麗的礁岩生態，享受椰影和風的悠閒氣息……。此外，菲律賓境內出產的各類木雕品、精緻美麗的貝殼加工品，及特殊的造型椅子與桌子在世界各國亦占有一席之地。

竹 竿 舞

葡萄牙

單元18

達悟族

活動目標：

❶ 認識台灣原住民族群之一「達悟族」的風俗習慣和音樂特色。
❷ 展現肢體的協調性和平衡感。
❸ 激發幼兒的創造力和想像力。

設計理念：

蘭嶼有著台灣境內最與眾不同、保存最完整的部落文化。藉由此單元活動的進行，讓幼兒了解「達悟族」的原住民文化，如服飾（丁字褲、銀盔、黃金飾物、銀鐲、胸銀片、黃銅片……）、手工藝（製陶、木雕……）、文物（拼板舟、地下屋、刀、短劍……）及「船祭」（大型有雕紋的船落成後下水時的祭儀）、「飛魚祭」（每年 2 月底～6 月時集體進行漁撈的活動）與「小米季」（風格獨特的甩髮舞）之風俗習慣和音樂特色。

＊注意事項：本單元可依幼兒能力分成 2-3 次來進行。

活動過程：

引起動機

老師向幼兒介紹達悟族之服飾、手工藝、文物、風俗習慣、音樂特色（見需要的教材教具），達悟族的男人半西瓜的頭飾與丁字褲、女人穿的上衣及片裙，配合著歌聲在岸邊，將長長頭髮前後甩出的擺動……等等，並述說達悟族勇士的故事（見附錄）與風俗習慣（請幼兒參考課本 p.34 的圖畫）。

達悟族

活動一／原住民傳統舞蹈——甩髮舞

達悟族特殊的舞蹈——甩髮舞，讓幼兒模仿其特殊動作，雙手交叉於胸前，雙腳直立，彎腰將頭髮向前或左右拋出，長髮有如海浪般此起彼落。

甩髮舞（一）

貼心小叮嚀

老師可用原住民原始的原音 CD，或介紹 VuVu 的故事中的歌曲或達悟族原始歌曲（見需要的教材教具）。

甩髮舞（二）

活動二／變裝遊戲——達悟勇士與甩髮女孩

老師和幼兒欣賞達悟族人的服飾特色後，可和幼兒討論用何種素材來取代，製作成達悟族人的衣服，如：男生的丁字褲可用宣紙來包捲成紙褲，女生的長髮可用毛線替代來裝扮造型……等等。

貼心小叮嚀

老師可將此活動配合歌曲、舞蹈，加入戲劇性的情節，延伸為表演性節目。

甩髮舞（三）

甩髮舞（四）

達悟勇士（一）

達悟勇士（二）

結束活動

紙上作業：請幼兒翻開課本（p.35），替課本裡的飛魚著上顏色。

需要的教材教具：

❶ 達悟族相關之影片。

❷ 假頭髮（可用毛線製成）。

❸ 宣紙（數量視幼兒人數）。

❹ CD 音響。

❺ 音樂 CD：「VuVu 的故事」（*VuVu's Tales*）。「原住民童謠專輯——我

們在這裡」，第 39 首。台北：風潮唱片。

❻ 音樂CD繪本：故事講述／亞榮隆・撒可努（Sakinu），《童話森林系列 I》，*VuVu 的故事*。台北：風潮唱片。

❼ 建議參考書籍：
⑴徐瀛洲著。《蘭嶼之美》。台北：行政院文建會策劃出版，藝術家出版社編輯製作。
⑵夏曼．藍波安（1992）。《八代灣的神話》。台北：晨星。
⑶夏曼．藍波安（1997）。《冷海情深－海洋朝聖者》。台北：聯合文學。
⑷夏曼．藍波安（1999）。《黑色的翅膀》。台北：晨星。
⑸夏曼．藍波安（2002）。《海浪的記憶》。台北：聯合文學。

❽ 建議參考CD專輯（一）：演出者——台東蘭嶼椰油、紅頭、漁人部落，「***雅美族之歌***」（單音民歌唱法，重現原始歌唱方式）。台北：風潮唱片。建議參考 CD 專輯（二）：作曲 & 編曲——徐清原等；野外自然錄音：吳金黛。「***飛魚樂園***」（收錄蘭嶼角鴞珍貴鳴聲、情人洞潮聲、青青草原氣息、天池自然原音、蟲鳴鳥叫聲……等自然之聲，有著蘭嶼最自然的聲音與節奏）。台北：風潮唱片。

附錄一：達悟族的故事

（節錄自《童話森林系列 I》，*VuVu 的故事*，p. 6~9）

達悟勇士沒有先進的武器，卻會讓敵人懼怕的原因，是他們乘著刻劃著人形和持圖案的船，頭帶著銀盔和籐盔，手持短斧和長矛，身著丁字褲，利用擅滑的能力貼近敵人的船身，占有視覺的死角，如不聽警告，便將船身戳破，使敵軍沉船。達悟人歡送朋友離開時，女的會在岸邊配合歌聲甩頭髮，男的會撿起石塊用力的丟向海中，意謂「要我們帶來的惡靈和惡魔不要留在我們的土地上，另一個意義就是驅趕惡靈替我們開路」……。

附錄二：達悟族（原雅美族）的音樂

達悟族的歌謠（原雅美族）和其生活息息相關（造船、漁撈、婦女舞蹈、粟作的收成、三種家屋的落成……），結合了海陸兩棲生活的趣味面，歌唱是他們表達情感唯一的方式，亦是完全不使用樂器的民族。歌唱方式是以單音朗誦式的原則，配合獨唱、領唱與和腔。其歌唱的樂句是以一個音型的不斷反覆與自由的變化構成，音階的使用只以 2 音、3 音、4 音形成的大、小 2 度、大 3 度為主，最多只在 4 度音域內流動，若從音樂組織的進化原則觀之，達悟音樂仍處於音階未形成前的組織型態，構成達悟族人獨特的音樂世界（摘自「雅美族之歌」，台北：風潮唱片）。

附錄三：達悟族的風土民情

拼板船

「人形紋」與「船之眼」

蘭嶼（隸屬台東縣蘭嶼鄉）距離台灣本島 60 公里的太平洋上，有著台灣境內最與眾不同與保存最完整的部落文化，擁有豐富的地形與自然資源，居住於海島上的民族「達悟族」（以前叫做雅美族），其「達悟」意為善良的天神之子。由於嚴峻的氣候與每年直撲的颱風，為了方便於炎熱氣溫下活動與海上捕魚作業，有了穿丁字褲的習俗。蘭嶼的達悟族有適應惡劣氣候的地下屋，尤其是野銀部落〔其他 5 個部落為：椰油（Yayu）、朗島（Iraralai）、紅頭（Imou-rod）、漁人（Iratai）、東清（Iranumilk）〕有著數十座保存完整的地下屋（土牆以大石塊堆砌而成階梯形式，具有排水功能），至今部落居民依然維持著傳統的生活方式。達悟族人海上捕撈，以捕飛魚為主，每年的 2 月底～6 月間會舉行「飛魚祭」，主食以飛魚、小米、芋頭……為主，紅、白、黑三色的拼板船是族人捕魚的主要工具，船兩頭尖尖的往上方翹起，船身有漂亮的圖案裝飾，因為它用許多不同木板拼接起來，所以叫做「拼板舟」，以雕刻精緻美麗聞名於世。船身線條獨特的「人形紋」與刻繪在船首和船尾的左右兩側同心圓組成的「船之眼」圖案，則是拼板船上的重要裝飾。它們代表了達悟民族的固有文化，是祖先流傳下來的傳統圖案。

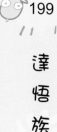

拼板舟

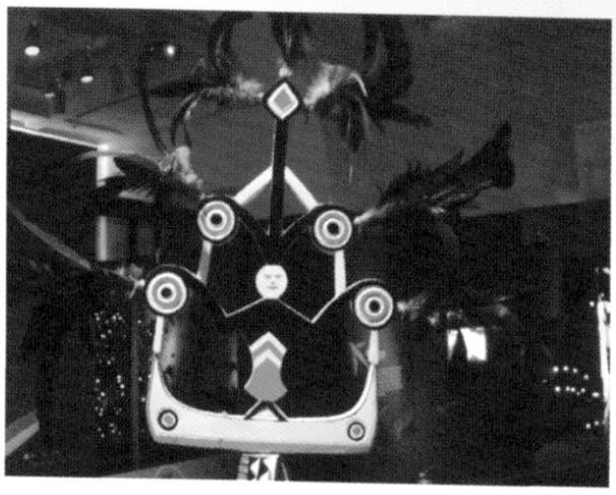
人形紋

附錄四：達悟族的「飛魚祭」

漂亮的飛魚，雅美語叫 Alibangbang（阿里棒棒），每年的 2 月間，達悟族會舉行「飛魚祭」的活動，3、4 月間出航捕魚前舉行的「下水祭」是族人的盛事，依據儀式，族人將紅、白、黑三色的拼板舟抬起來後拋向大海，為了表示尊敬，達悟族不管是捕飛魚還是吃飛魚，都會遵從老祖先們訂下的各種規矩，用謹慎、敬重的態度面對大海賜予的食物，當天族人穿上傳統服飾，由船長揮動長刀驅趕惡靈，船員大聲喝采助陣，並用力拍打船身，合力將船抬起來拋向大海。它的目的在祈求漁獲豐收、出海平安。

捕飛魚

飛魚的傳說

單元19

彼得與狼(一)

活動目標：

❶ 認識不同樂器的名稱與分辨不同樂器的音色。
❷ 讓幼兒熟悉音樂的節奏、旋律。
❸ 培養幼兒聆聽樂曲的專注力與敏感度。
❹ 增進幼兒語言表達能力與邏輯思考。

設計理念：

「彼得與狼」（Peter and the Wolf）是普羅柯菲夫為兒童們寫的簡單易懂的管弦樂童話故事，當年（1936 年 5 月 2 日）在莫斯科兒童劇場首演時，兒童與大人都非常欣賞與滿意。這部作品每個樂器都代表一個角色，因此可以從中認識各種樂器的特性與音色，隨著音樂旋律的起伏進入了故事與戲劇的世界。此首音樂劇非常有趣、淺顯易懂，此單元藉由輕鬆聽故事的方式，讓幼兒聆聽與辨識故事中的樂曲節奏與旋律，並透過故事情節讓幼兒認識、感受各種不同樂器的音色與劇情中主角的特徵。

＊注意事項：本單元可依幼兒能力分成 2 次來進行。

活動過程：

引起動機

老師利用《彼得與狼》的故事書（見需要的教材教具）與圖卡（包含樂器與劇中角色）講解故事書的內容，讓幼兒欣賞。

活動一／音樂故事——「彼得與狼」

❶ 老師播放「彼得與狼」的音樂故事CD（見需要的教材教具），讓幼兒聆聽故事內容，並將每位角色圖片放於地板上，讓幼兒找出劇中角色。

❷ 老師和幼兒一同討論與述說每一位角色的特色，或簡單的講述每一角色出場的表情與動作特徵。

❸ 讓幼兒觀看「彼得與狼」的 VCD（見需要的教材教具）。

活動二／認識樂器

❶ 老師在白板張貼畫上劇中角色和樂器圖片的海報，並播放「彼得與狼」的音樂讓幼兒聆聽。

❷ 當每位角色代表的音樂出現時，老師手指著海報上的角色及其代表樂器的圖片讓幼兒認識、感受該項樂器的音色。

❸ 樂器與角色代表如下：

＊小鳥——長笛
＊鴨子——雙簧管
＊貓——單簧管
＊大野狼——法國號
＊爺爺——低音管
＊獵人——木管家族、定音鼓
＊彼得——弦樂家族（第一、二小提琴、中提琴、大提琴）

樂器的認識（一）

樂器的認識（二）

樂器的認識（三）

貼心小叮嚀

老師在帶領音樂欣賞前，先將每個角色與樂器圖片（配對）貼在白板上，隨著樂曲的播放，讓幼兒依序來了解故事情節及每個樂器的音色、形狀、劇中的角色……。

樂器合奏

結束活動

＊連連看

紙上作業：請幼兒翻開課本（p.36～37），並分發彩色筆給幼兒，讓幼兒找找看，將角色和其代表的樂器連在一起。

需要的教材教具：

❶ CD 音響。

❷ 音樂 CD：「動物狂歡節・彼得與狼」，***彼得與狼***，第 2 首。台北：上揚唱片。

❸ 參考 CD：「世界音樂童話繪本 2——彼得與狼」。台北：台灣麥克。

❹ VCD ／ DVD 放影機。

❺ VCD：「彼得與狼&動物狂歡節」，***彼得與狼***，第 1 部。台北：福茂唱片。

❻ DVD：普羅柯菲夫的幻想曲——彼得與狼（*A Prokofiev Fantasy with Peter and the Wolf*）。台北：環球國際唱片。

❼ 建議參考書籍：

⑴《世界音樂童話繪本 2》，***彼得與狼***。台北：台灣麥克。

⑵《世界音樂童話繪本——導讀手冊》，***彼得與狼***，p.53~57。台北：台灣麥克。

⑶泰德・利比（Ted Libbey）（1998）著。《古典CD鑑賞》。台北：聯經。

❽ 彩色筆數盒。

附錄：關於管弦樂童話故事——彼得與狼（Peter and the Wolf）

普羅柯菲夫（Prokofiev, S1891～1953 俄羅斯）於 1936 年，45 歲時寫的一首戲劇性的標題音樂（program music）——「彼得與狼」，以不同的樂器「演出」敘述者的話，作者以兒童的觀感，在故事裡加入許多發生的事件與人物，並利用每一段旋律來描繪出人物的特質。例如，「長笛」代表小鳥的浮躁與喧嘩；「豎笛」音色代表貓不懷好意的意圖；「巴松管」清楚的表現出爺爺蹣跚的步伐；笨笨的獵人、胡亂的槍聲由「定音鼓與大鼓」來表現；「銅管－法國號」小調式音樂表現出狼的狡猾與嚎嘯；活潑調皮的主角彼得則由輕快的「弦樂」來表現。

普羅柯菲夫利用音樂來敘說故事的方式脫離了文字的對白，引領聽眾輕鬆進入劇情，技巧非常的高明，作品中每個角色都以樂器的音色來代表，更讓聽眾認識各種樂器的特性，心緒也隨著樂音的引導與起伏進入了劇中世界。

「彼得與狼」故事中描寫一位個性活潑好動，十來歲的小男孩從早上出去玩後所發生的事情，經過幾番折騰終於制服大野狼的故事，內容淺顯易懂。其代表每一位角色的音樂反覆演奏，使幼兒產生熟悉與滿足感，而劇情內容包含了正義與邪惡、逃跑、害怕、退縮到勇敢、以智取勝的內涵與訊息，更是一個非常適合幼兒的生活教育之題材。老師從活動中引導幼兒一邊聆聽音樂的同時，也能帶領幼兒利用口語來表達劇中情境，這對發展幼兒的語言表達與邏輯思考的能力相當有幫助，是非常值得推薦的一部「視覺化」音樂作品。

筆記欄

單元 20

彼得與狼(二)

活動目標：

❶ 增進幼兒肢體動作的表現能力與創造力。
❷ 培養幼兒互助合作的精神。
❸ 利用不同的素材激發幼兒的想像力和創造力。

設計理念：

上一單元活動是以幼兒熟悉故事及認識樂器為主，本單元的活動整合，連貫幼兒對此故事的概念，並希望藉由故事的引導，讓幼兒隨著音樂內容來進行動作的模仿、角色的扮演與情境的設計，帶入戲劇教學的領域。

＊注意事項：本單元可依幼兒能力分成 2～3 次進行。

活動過程：

引起動機

老師和幼兒複習與討論上週「彼得與狼」的音樂故事，聆聽的音樂與不同角色的特徵（每一角色出場的表情與動作特徵）。

活動一／角色扮演

分段播放各種角色的音樂，與幼兒討論該角色的特色，並請幼兒模仿該角色的肢體動作。

角色扮演（一）

範例：

彼得（弦樂家族）——活潑輕快的走路動作……

小鳥（長笛）——流暢的動作、展翅飛翔……

鴨子（雙簧管）——可憐的樣子（最後被吃掉），走路一跛一跛……

獵人（木管家族）——拿著槍威風、神氣的走著……蹦、蹦、蹦（定音鼓）開著槍

角色扮演（二）

祖父（低音管）——老態龍鍾，拿著拐杖一拐一拐的走著……

貓（單簧管）——虎視眈眈，望著小鳥想趁機偷襲……

大野狼（法國號）——東張西望、張牙咧嘴的尋找獵物……

角色扮演（三）

活動二／音樂劇——「彼得與狼」

❶ 造型裝扮：老師詢問幼兒想扮演的角色，並分別以現成的素材協助幼兒做簡單的造型。

❷ 老師準備簡單的素材，如：絲巾、帽子、圍巾、報紙、不同顏色大小的塑膠袋……等等，讓幼兒進行裝扮的活動。

❸ 老師播放音樂引導幼兒動作的模仿，請幼兒在聽到自己角色的樂器及音樂出現時，做出該角色的動作及表演該角色正在進行的事（劇情內容）。

道具（一）

道具（二）

結束活動

請幼兒翻開課本（p.38），看看少了哪些劇中角色，請幼兒畫出。

延伸活動：

老師可將此故事搭配上服裝、道具讓幼兒以舞台劇的方式演出。

音樂劇——彼得與狼（一）

需要的教材教具：

❶ CD 音響。

❷ 音樂CD：「動物狂歡節・彼得與狼」，*彼得與狼*，第 2 首。台北：上揚唱片。

❸ 各種造型素材，如：毛巾、大絲巾、羽毛、圍巾、帽子、報紙、童軍繩……。

❹ 彩色筆。

音樂劇——彼得與狼（二）

（大班◆下冊）

小海馬的家

單元1

春之聲

活動目標：

❶ 從活動中感受音樂描述大自然的意境。
❷ 培養幼兒專心聆聽音樂的能力。
❸ 透過聆聽提升幼兒的藝術鑑賞力。
❹ 啟發幼兒對藝術創作的表達及想像。

設計理念：

音樂家藉由音符呈現和諧、壯麗、神祕、悠遠、崇高的大自然之聲，造福了人群，也讓我們的生命更加多彩多姿。聆聽優美的音樂不但可以陶冶性情、淨化心靈，亦可在潛移默化中培養高尚優雅的氣質。本單元藉由韋瓦第（A. Vivaldi 1675～1741）小提琴協奏曲「四季」的第一樂章「春」，讓幼兒體會春天來臨的欣喜與大自然的意境，感受自然景色中的各種生態現象，享受樂曲的春天氣息，利用音樂欣賞活動陶冶性情，提升幼兒對音樂鑑賞的能力與表達力。

＊注意事項：本單元可依幼兒的能力，分成 2 次來進行。

活動過程：

引起動機

以《斑馬花花》（見需要的教材教具）這本故事書和幼兒討論春天的情景、各種風貌……。

活動一／音樂欣賞——「四季」第一樂章「春」

❶ 播放音樂（見需要的教材教具），並向幼兒介紹樂曲的由來，引導幼兒聆聽、感受春天的到來，大地欣欣向榮的氛圍。

❷ 一邊播放音樂，一邊配合著音樂曲式的變化，向幼兒述說《斑馬花花》的繪本故事。

貼心小叮嚀

老師可以加入動物紙卡、音樂繪畫或道具來訴說故事，並將繪本的內容配合音樂做適度的修改或增加內容，使之更戲劇化。

❸ 音樂故事範例如下（配合樂曲架構改編自繪本《斑馬花花》）：

◎樂曲 A 段：

冬天的雪融了，天氣變暖了，冬眠中的動物們一個個漸漸甦醒了，森林裡的紅花、白花、紫花也都開了。斑馬花花看到

春天到了

春之花

春天的故事（一）

春天來了，到處奔跑開心的喊著：「春天來了！春天來了！」

美麗的春天終於來了，花花在花園裡盡情的翻滾，樹上的花一朵朵的飄落在花花身上。花花想起冬天時牠正織著毛衣準備過冬，不過冬天一過，就用不著了。

春天的故事（二）

◎樂曲 B 段：

蝴蝶飛來了，飛來告訴花花：「春天來了！」一隻、兩隻、三隻……蝴蝶們在花花的身上跳起舞來，歡迎春天。花花開心的說：「我身上的花也開了！」蜜蜂來了，小鳥來了，牠們告訴花花：「春天來了！」蜜蜂們在花花的身上跳起舞來，開著春天的舞會，形成一幅美麗的圖畫。

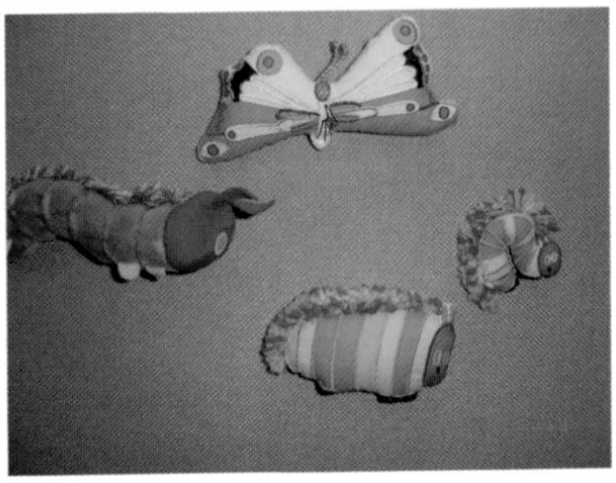

道具

花花開心的到處奔跑，告訴森林所有的動物：「春天來了！」花花一跑，蝴蝶、蜜蜂、小鳥嚇了一跳，紛紛飛了起來。

◎樂曲中段：

潺潺水流也嘩啦嘩啦歌頌春天的到來。

◎樂曲 C 段：

突然間，天空被烏雲給遮蓋了，吹起一陣陣的風，雷鳴與閃電劃過天際，嚇得花花、蝴蝶、蜜蜂、小鳥們趕快找個避雨的山洞……。

◎樂曲 D 段：

終於烏雲慢慢的散去，雨過天晴。「看呀，天空出現了美麗的橋呢！」隨著花花的驚嘆聲，蝴蝶、蜜蜂、小鳥們個個欣喜雀躍，春天的信息飄散在每個角落，好不熱鬧！大夥兒一同迎接春天的到來，陪著花花一同開著春天的舞會。

活動二／藝術創作——春之聲

❶ 老師將數張壁報紙黏貼成一片大的紙張。

❷ 請幼兒到戶外找尋各種不同的創作素材，如：樹枝、樹葉……（或由老師準備）。

材料

❸ 老師再提供毛線、彩帶、毛根、皺紋紙、紙碗、色紙、通草……讓幼兒搭配戶外撿回的素材一起進行藝術創作——「春之聲」。

春之聲（一）

貼心小叮嚀

當作品完成後，老師可以與幼兒一起討論要將大家一起完成的「春之聲」作品，佈置在教室哪一個角落。

春之聲（二）

結束活動

紙上作業：請幼兒翻開課本（p.4），將課本上美麗的花朵著上顏色。

需要的教材教具：

❶ 繪本：郭玫禎（2004）。「閱讀與品德 01」，《班馬花花》。台北：大好書屋。

❷ CD 音響。

❸ 音樂CD：「兒童EQ古典音樂寶盒4——音樂星空」，***四季協奏曲「春」第一樂章（韋瓦第）***，第1首。台北：天際文化。

❹ 創作素材：大壁報紙數張、毛線、彩帶、毛根、皺紋紙、紙碗、色紙、通草、樹枝、樹葉、膠水、膠帶……。

❺ 建議參考書籍：經典音樂繪本全集（2000），《進入作曲家的世界》，***韋瓦第***。台北：台灣麥克。

❻ 建議參考CD：「進入作曲家的世界1」，***韋瓦第***。台北：台灣麥克。

❼ 彩色筆數盒。

附錄一：小提琴協奏曲「四季」——韋瓦第

韋瓦第（A. Vivaldi 1675～1741，義大利）不但是一位出色的小提琴家，亦是當時極負盛名的作曲家之一。「四季」（The Four Seasons）是韋瓦第的代表作品，在這部樂曲中韋瓦第將他對大自然纖細而敏銳的感受，充分的顯現在悠揚樂聲中，以一年中「春」、「夏」、「秋」、「冬」四個樂章，分別描繪出音樂性的季節變化，他在每個樂章的開頭均題上描寫情景的短詩，將音樂的意境以文字描寫出來，據說這些短詩皆出自他的創作。

「春」第一樂章（La Primavera），共有四個樂段〔細分為：A、B、A、C、A、D、A、B、A、E、A（由六次總合奏與五次獨奏構成）〕。本樂章第一段音樂模仿小鳥輕快的啼鳴聲；第二段描寫春天微風的低吟；中段出現潺潺水聲與百花綻放的情境；第三段是暴風雨中春雷乍響的情景；第四段則顯現出雨過天晴，小鳥高歌的欣喜之情。

附錄二：繪本——「斑馬花花」

春天來了，春天在哪裡？春天的信息，讓蜜蜂、蝴蝶都跑來告訴斑馬花花……。蜜蜂、蝴蝶在花花身上跳著舞，花花開心的在地上翻滾，從陣陣花香中，跟所有動物分享春天，與大家一起開著春天的舞會……。

大意：「分享」是快樂的，是無私的，樂於和別人分享自己所擁有的，不但不會失去或變少，還會得到更多……。

單元2

木琴之歌

活動目標：

❶ 增進幼兒手腕肌肉的靈活度。
❷ 建立幼兒大小、順序邏輯的概念。
❸ 讓幼兒探索不同的音色與敲擊方法。
❹ 提升幼兒的想像力及創造力。

設計理念：

本單元讓幼兒運用想像力與創造力，配合樂器即興的敲奏，指導幼兒以各種手腕動作，探討不同的敲奏方式與揣摩聲效（音色），從活動中學習團體互動、互信、互助，讓幼兒的創意思考經驗更加的豐富活潑，並利用想像力結合繪畫來創作音響圖形。

活動過程：

引起動機

老師與幼兒討論各種肢體的動作，探索肢體不同部位的延展性。

活動一／聽訊號反應——肢體探索遊戲

❶ 將幼兒分成兩人一組，老師示範動作，並配合口令讓幼兒跟著做。如：
a.頭——兩人面對面額頭貼著額頭走。
b.背——兩人背對背貼著走。
c.肚子——兩人互碰肚子貼著走。

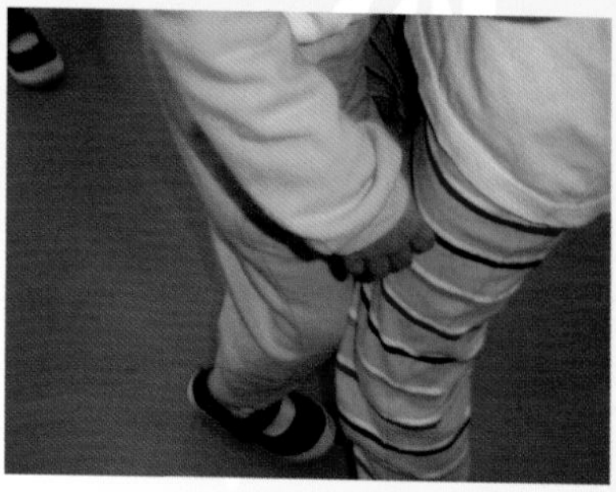
肢體探索遊戲

貼心小叮嚀

老師可以和幼兒討論，決定肢體哪些部位可以互相黏貼在一起，並選取三種肢體互貼時的走路方式。

❷ 當幼兒熟悉上述遊戲動作之後，老師可加入不同樂器，讓幼兒隨著樂器的變化，做出指示的動作。如：
a.碰鐘——額頭貼著額頭橫著走。
b.響棒——背對背橫著走。
c.大鼓——兩人互碰肚子貼著走或爬行。

貼心小叮嚀

老師同樣讓幼兒們來決定樂器種類（音色），甚至敲奏不同的節奏型態與快慢，來引導幼兒走路的速度。

活動二／旋律類樂器介紹——聲音探索遊戲

❶ 介紹高音、中音、低音木琴：老師用輕鬆、有趣、活潑的對話方式（自編故事）介紹木琴的結構及高度、音色的異同，如：音箱高度不一樣……。

❷ 老師問幼兒們，探索了許多不同的肢體動作，現在想想看，若要敲奏木琴，除了使用棒子外，還有什麼方法可使樂器發出聲音呢？（如：拍打、指尖彈敲、握拳敲……等。）

❸ 讓幼兒嘗試利用手部，自由的在木琴鍵上敲擊，如：左右滑行或拍打、用指尖敲擊……等方式，讓幼兒探索不同的敲擊方法，探索發出聲音的不同。

高、中、低音木琴

貼心小叮嚀

若敲擊器材不足，可以兩人或三人一組使用一架木琴，幼兒亦能養成輪流等待的好習慣。

聲音探索遊戲

活動三／音響圖形

❶ 老師與幼兒一起討論，引導幼兒發揮想像，將不同的敲擊方式利用線條、圓圈、點狀、圖形……等，將敲擊圖形畫下來。

範例：

如右圖：

a.兩手手腕左右滑行。

b.兩手指尖快速敲打。

c.兩手握拳敲打。

d.兩手五指指尖旋轉摩擦鍵。

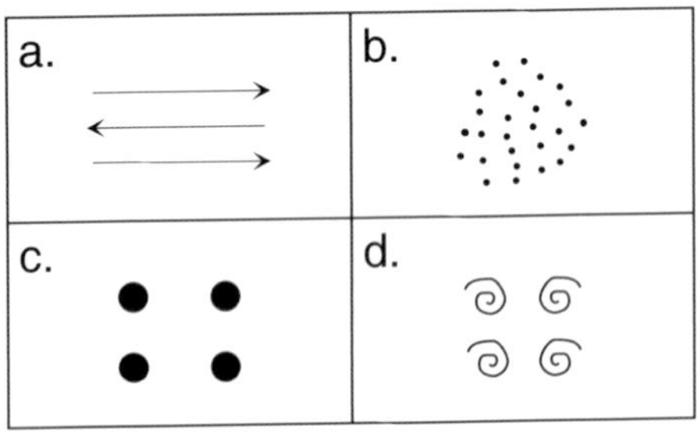

❷ 或從活動中激發幼兒更多的聯想來進行圖形創作。

❸ 老師將圖形畫在一張大海報，張貼在白板上，請幼兒在木琴上敲擊出不同的音響。

貼心小叮嚀

老師選擇一首兒歌，將幼兒分組，設計不同的音色（四種圖形）之頑固伴奏型態來伴奏歌曲。

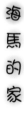

活動四／握棒、擊樂練習

❶ 老師請幼兒觀察琴鍵的位置（順序由大至小），再請幼兒小心的將琴鍵一一拆下後，依大小順序排列於地板上。

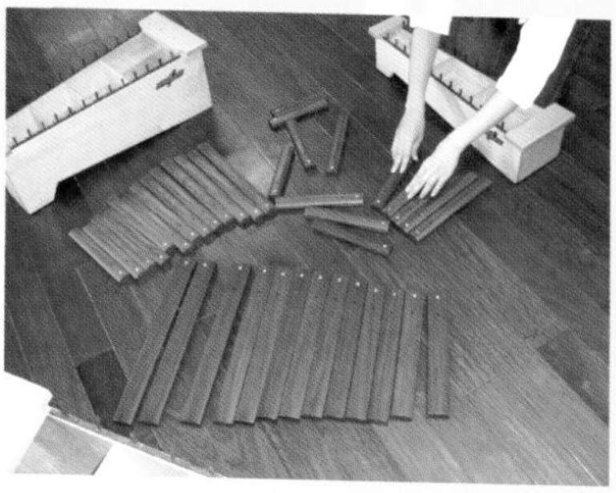
順序的排列

❷ 告之幼兒正確的回裝方式。

❸ 請幼兒將琴鍵放回正確的位置（依音高排列）。

正確的組裝

貼心小叮嚀

此活動的目的是為了培養幼兒的邏輯、順序的概念，並提升孩子的手眼動作協調能力。

❹ 老師與幼兒們一同討論敲擊樂器所用的棒子，質料有軟硬之分，如：有木頭的、橡皮的、毛線的、塑膠的……等不同的材質，所敲擊出來的聲音亦有差異，老師當場示範不同棒子敲奏時發出聲音的異同。

敲擊棒的種類

❺ 木琴敲奏練習：當幼兒們熟悉琴鍵位置後，發給幼兒不同的敲擊棒，複習握棒方法後（請參閱中班上冊第 8 單元「棒棒糖之歌」），請幼兒們敲上行音（中央 C→高音 C）及下行音（高音 C→中央 C），聽聽每一個琴鍵發出的聲音。

貼心小叮嚀

✿老師可以請幼兒將不需要敲擊的琴鍵拆下，避免敲擊上行音時敲過了 8 度音程。

✿由於低音、中音、高音木琴音域不同，老師指導幼兒敲奏上、下行時，可以選擇任何一個 8 度音程（由 C→D→E→F→G→A→B→C）一起敲奏即可。

結束活動

紙上作業：請幼兒翻開課本（p.5），請幼兒分辨圖中的低音、中音、高音木琴在哪哩？並將與其相對應的動物連在一起，如：低音木琴——大象；中音木琴——狗；高音木琴——小鳥。

需要的教材教具：

❶ 音響圖形的大海報。

❷ 樂器：碰鐘、響棒、大鼓……等。

❸ 各式不同的敲擊棒子。

❹ 彩色筆數盒、海報紙。

❺ 旋律類樂器：低音、中音或高音木琴數架。

筆記欄

單元3

小狗與我

活動目標：

❶ 提升幼兒音樂欣賞能力。
❷ 啟發幼兒的想像力與創造力。
❸ 訓練幼兒聽力與旋律辨識能力。
❹ 培養幼兒藝術欣賞能力與美感經驗。

設計理念：

本單元藉由「口哨與小狗」樂曲中的音樂情境，訓練幼兒聽力與旋律辨識能力，讓幼兒發揮想像，與老師共同建構故事，並帶入戲劇表演活動，利用道具變化出不同的空間情境與造型，增進幼兒藝術欣賞能力與美感經驗。

＊注意事項：本單元可依幼兒能力分 2～3 次進行。

活動過程：

引起動機

＊肢體動作模仿

可愛的小狗（一）

❶ 老師拿不同種類的狗娃娃或圖片與幼兒討論狗的種類與特性。

❷ 肢體動作模仿：老師利用小樂器（如鈴鼓），請幼兒以肢體來模仿小狗動作，如趴著、走路、跑步……等等。

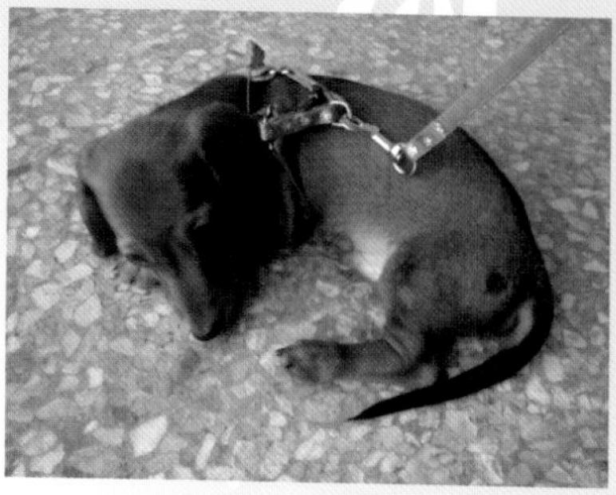
可愛的小狗（二）

活動一／音樂故事——「口哨與小狗」

❶ 播放歌曲，鼓勵幼兒運用想像力，口頭發表自己的感受，或與幼兒共創（或改編）一則與小狗有關故事（見幼兒課本p.6）。

可愛的小狗（三）

❷ 老師帶領幼兒以音樂的曲式來改編，將圖形架構簡單的畫於白板。

故事範例如下：

前奏：太陽公公出來了，主人穿上衣服、鞋子，準備帶家裡的小花狗（泥泥）出門囉！

◎樂曲 A 段（反覆 2 次）：天氣很好，太陽公公溫柔的笑開了臉，小主人開心的吹著口哨蹓狗，泥泥沿路奔跑，東看西瞧的……開心極了（老師可自己添加內容）！

◎樂曲 B 段：走著走著，泥泥看到了一隻貓，就開始追著貓跑，貓被嚇得拼命跑，追著追著，連小主人也被拉著跑……。啊！貓不見了，泥泥四處找，找不到……。

◎樂曲A段：小主人把泥泥拉回身邊繼續往公園走，愉快的吹著口哨……。

◎樂曲 C 段（反覆 2 次）：小主人看到公園旁的「麥當勞」，想買雪糕與薯條，於是將泥泥綁在公園路邊的樹下，然後進到「麥當勞」裡。泥泥被綁在樹下，很不舒服，一直想掙脫……。公園裡的小朋友看到這麼可愛的泥泥，紛紛過來與泥泥打招呼，泥泥「汪汪」著回應。

樂曲間奏：小主人買完出來後，泥泥開心的汪汪叫，因為牠知道將有點心囉！小主人解開泥泥脖子上的繩子，繼續往前走，想找個樹蔭下休息。

◎樂曲 A 段：小主人和泥泥同時發現一個有大草坪的公園，泥泥立刻衝向草坪，開心的到處奔跑。主人坐在樹下吃著雪糕，亦給泥泥吃一些東西。

尾奏：小主人休息後，口哨一吹：「回家了！」泥泥立刻回來，撒嬌的撲向小主人，泥泥度過了愉快的一天。

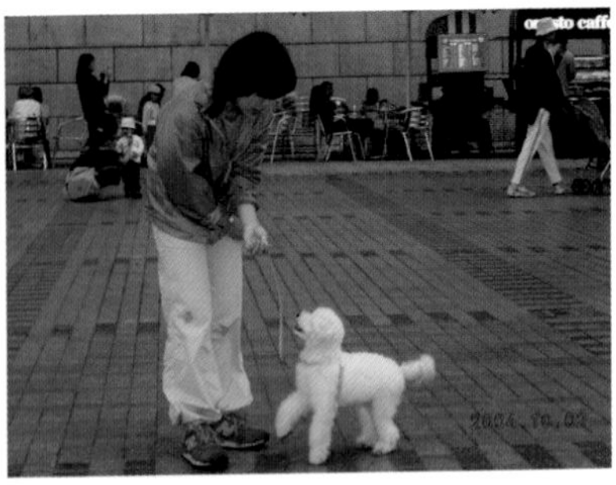

小狗與我

貼心小叮嚀

✿若老師事先已擬定好故事內容，可以利用畫好的圖片與音樂搭配，來敘述每一段的故事情節，加深幼兒的印象。

✿提醒幼兒，在公園或路上遇見小狗時仍要小心保持距離，雖然小狗很可愛，但是小狗為了保護自己防止他人靠近，仍會有攻擊性的行為。

活動二／藝術創作——我的小狗

❶ 老師拿出舊報紙與膠帶，示範如何將舊報紙搓揉後，以膠帶黏成一隻小狗狀。

❷ 請幼兒利用舊報紙與膠帶創造一隻小狗。

❸ 發給幼兒塑膠繩綁在小狗的脖子。

❹ 老師與幼兒一起分享小狗的造型。

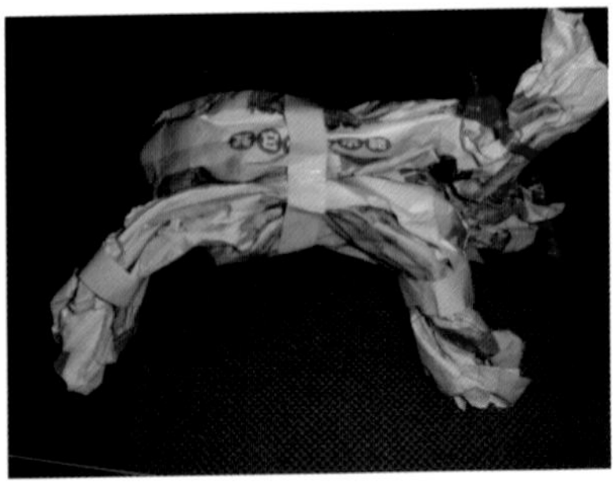

我的小狗

貼心小叮嚀

✿當老師發給繩子時，要留意繩子長度與幼兒身高的比例，繩子勿太長，以免幼兒不小心絆倒。

✿老師可提供多元的素材如：不同顏色的皺紋紙、毛線……讓幼兒為自己的小狗加上不同的造型。

活動三／音樂戲劇——小狗與我

❶ 老師播放「口哨與小狗」曲子，請幼兒帶著自製小狗，根據剛剛所討論的故事結果，引導幼兒進行音樂戲劇活動（故事內容見 p.223 活動一）。

❷ 角色分配
將幼兒分成四組：
a.：主人（幼兒）與小狗。
b.：小貓。
c.：公園旁的「麥當勞」與販賣人員。
d.：公園裡遊戲的小朋友。

❸ 加入一些道具與情境佈置，進行戲劇活動。

貼心小叮嚀

老師可以一邊示範動作，一邊以口語來提示幼兒動作的進行與表演。

結束活動

紙上作業（藝術創作）：「可愛的泥泥」
❶ 老師發給幼兒不同顏色的毛線與安全剪刀、白膠。

❷ 請幼兒翻開課本（p.7）在小狗身上塗上白膠，將毛線剪下後黏貼於小狗圖身上，創作一隻可愛的泥泥。

❸ 分享彼此的創作——「可愛的泥泥」。

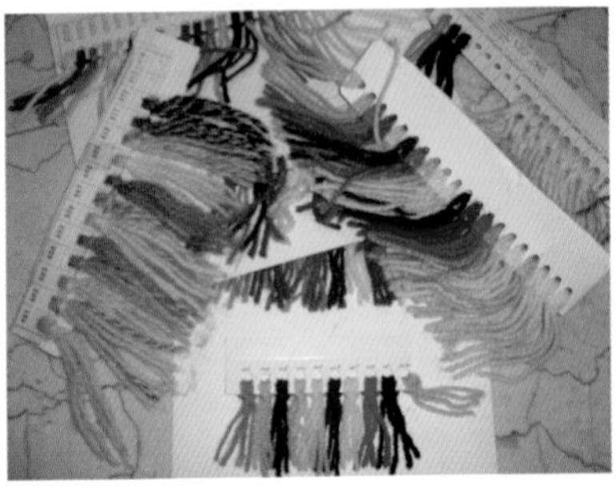

毛線

可愛的泥泥

貼心小叮嚀

幼兒使用白膠後，可發給他們溼紙巾或毛巾，讓幼兒擦乾手，再拿安全剪刀剪毛線。

需要的教材教具：

❶ CD 音響。

❷ 音樂CD：「大眾名曲——世界名曲 I 」，*口哨與小狗（Whister and His Dog）*，第 8 首。台北：聯記唱片。

❸ 舊報紙數張（視幼兒人數）。

❹ 塑膠繩（視幼兒人數）。

❺ 藝術材料：毛線、皺紋紙、色紙……

❻ 安全剪刀數把。

筆記欄

單元4

微風椰影：阿囉哈！

活動目標：

❶ 從活動中認識夏威夷的文化與舞蹈。
❷ 提升幼兒肢體創作能力與節奏感。
❸ 培養幼兒的團隊精神與專注力。

設計理念：

提供道具與材料讓幼兒從音樂活動中，了解夏威夷風土民情與傳統舞蹈——草裙舞（The Hula）。在創造性律動的帶領下，提升幼兒肢體模仿技巧與創作能力，讓幼兒在自由即興的舞動中，運用聯想，激發身體不同動作的變化與表達方式，感受不同國家的音樂風情。

＊注意事項：本單元可依幼兒能力分 2 次來進行。

活動過程：

引起動機

肢體動作模仿

❶ 老師可蒐集有關夏威夷的物品、圖片……等資料（見附錄二），向幼兒介紹夏威夷的風土民情、文化特色與美麗的沙灘（圖見幼兒課本 p.8）。

❷ 告訴幼兒，到夏威夷必須要搭乘飛機才能到達，請幼兒想像自己是一架飛機，老師帶領肢體動作模仿，帶領幼兒體驗開飛機的感覺，模擬飛機飛行的情境。

貼心小叮嚀

老師可以請幼兒利用人聲來模擬飛機飛行的聲音，配合肢體動作（模擬飛機飛行）的快慢來進行活動。

夏威夷女郎

美麗的夏威夷（一）

美麗的夏威夷（二）

活動一／肢體／人聲模仿／創造性肢體律動（阿囉哈！）

❶ 老師引導幼兒感受海邊徐徐微風吹來的情境。

❷ 請幼兒閉上眼睛，嘴巴發出噓噓聲音（風聲），身體（包含手臂）也隨著聲音慢慢的搖晃與擺動，想像自己是海岸上高高聳立的棕櫚樹，隨風搖曳……。

肢體動作模仿

貼心小叮嚀

老師可以利用海浪鼓與風鈴來製造音效，提升情境模擬的效果。

海浪鼓

❸ 創造性肢體律動（阿囉哈！）：老師播放音樂（見需要的教材教具❷之(1)），請幼兒走出【♩】的固定拍，當聽到音樂停止（即休息 3 拍）時，每位幼兒找教室中任何一位幼兒以擊掌方式向他說：「阿囉哈！」；當音樂繼續時，請幼兒繼續走出【♩】的固定拍，依此方式直到歌曲結束。

貼心小叮嚀

在每個音樂旋律間休息 3 拍時，老師可以指定下一個不同的走路姿勢，或由幼兒自己即興來變換動作。

活動二／藝術創作——草裙與花圈

老師分發草裙及花圈的材料給幼兒，如下：

＊女生的草裙：

材料：舊報紙全開 1 張（一人使用）或塑膠繩編織的草裙

作法：a.上方留約 10 公分的邊，將舊報紙撕開成條狀（見圖示），使報紙條不斷掉，呈現一片裙狀。

b.請小女生將其圍在腰間，將兩端交接處黏上膠帶固定。

自製塑膠繩草裙

報紙草裙

＊男生的花圈：

材料：不同顏色的色紙（或與色紙同大小的報紙）數張、一條塑膠繩、一支細小黑髮夾（一人使用）

作法：a.將塑膠繩別在小髮夾上（如同縫衣針線），用塑膠繩由色紙中穿過，將色紙串成一串，再請幼兒把每張紙搓揉一下，使紙張成球或花狀。

b.小髮夾拆除後，將前端與尾端的塑膠繩綁好成一花圈，掛戴於頸項間即可。

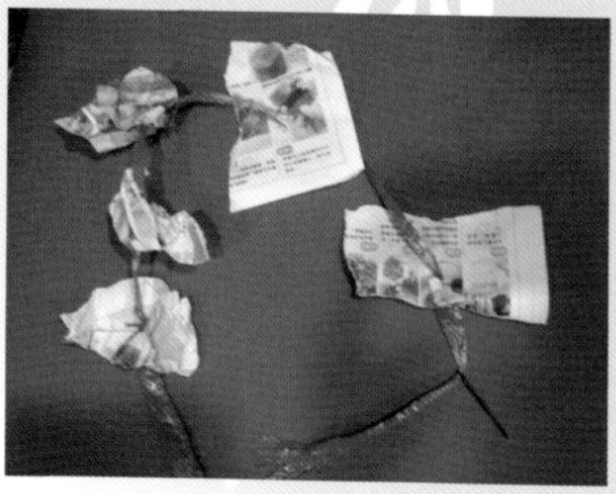
花圈

動作圖示

活動三／草裙舞

❶ 請每位幼兒穿戴上自己自製的飾物。

❷ 老師拿出動作圖示（見右方圖示）貼於白板，帶領幼兒做出肢體動作。

❸ 動作範例：a.兩手手臂往上伸直，手腕往內旋轉：動作由上往下。b.臀部左右搖動：動作由上往下／由下往上。c.兩手手臂往右伸直，手腕往內旋轉，臀部左右搖動，往右邊行進。d.兩手手臂往左伸直，

草裙舞（一）

動作範例（一）

動作範例（二）

手腕往內旋轉，臀部左右搖動，往左邊行進。e.兩手手臂往前伸直，左右手掌打開往外，左右手分別由上而下，往前做拍打動作。

❹ 播放音樂（需要的教材教具❷之⑵），隨機指出動作圖示，帶領幼兒跳出草裙舞。

❺ 即興舞蹈：請幼兒再跳一次「草裙舞」，動作由幼兒自由即興舞動。

結束活動

老師為幼兒拍下舞姿照片，下次上課時發給幼兒，貼在課本上（p.10）。

延伸活動：

❶ 即興舞蹈：
老師利用大溪地音樂帶領幼兒跳草裙舞：請幼兒圍成圓圈後，由不同的幼兒進入圈中帶領其動作，請其他幼兒模仿。

❷ 器樂合奏：a.童韻——「微風椰影」（見附錄一；幼兒課本 p.9）
b.童韻——「草裙舞」（見附錄一）

草裙舞（二）

＊ 步驟：
a.帶領幼兒唸誦童韻（老師可擇其一），並以簡單的固定節奏來伴奏，如：【♩（拍手）♫（雙手分別拍左右腿）♩（拍手）♩（雙手一起拍左右腿）】。
b.加入節奏樂器使伴奏音色更豐富。
c.利用不同音色的樂器來伴奏，相同的節奏型態用相同的樂器敲奏，增加趣味性。

童韻：搖呀 搖 屁股 搖
節奏範例：【♫（高低木魚）♩（碰鐘或指鈸）♫（高低木魚）♩（碰鐘或指鈸）】

需要的教材教具：

❶ CD 音響。

❷ 音樂 CD：⑴「創世紀舞蹈系列 10——舞於校園中」（4424），*加上休止（Break Mixer）*，第 8 首。台北：上聿文化。
⑵「創世紀舞蹈系列 3——兒童舞蹈歌曲」（4401），*你好（Buenos Dias）*，第 9 首。台北：上聿文化。

❸ 建議使用 CD：「世界之旅系列 1——徜徉南太平洋（南島語族的原鄉）」，***塔母雷舞（Ta-Mu-Lei-Dance）***，第 4 首。高雄：諦聽文化。

❹ 推薦欣賞 CD：「世界音樂櫥窗 16——大溪地」。台北：上揚唱片。

❺ 參考書籍：楊俊峰等譯（2004）／麗塔・有吉著。《夏威夷》。台北：國家地理旅行家。

❻ 樂器：海浪鼓、風鈴。

❼ 舊報紙數張（視幼兒人數）。

❽ 色紙數張（視幼兒人數）。

❾ 塑膠繩數條（長度視幼兒身高而定）。

❿ 黑色小髮夾。

⓫ 節奏樂器（童韻伴奏用）。

附錄一：童韻

1.「微風椰影」

微風椰影

童韻：吳幸如

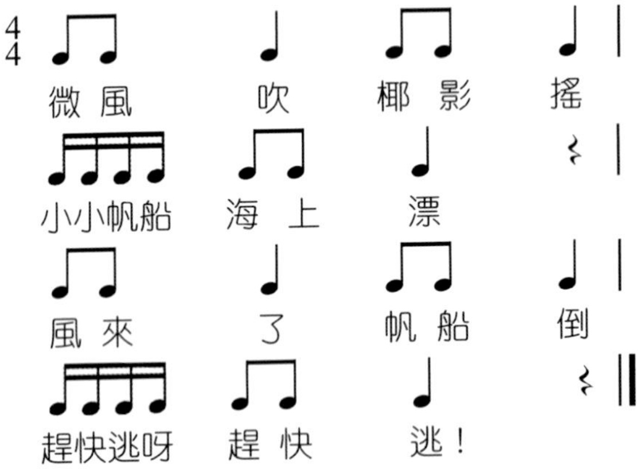
4
4
微風 吹 椰影 搖
小小帆船 海上 漂
風來 了 帆船 倒
趕快逃呀 趕快 逃！

2.「草裙舞」

草裙舞

童韻：吳幸如

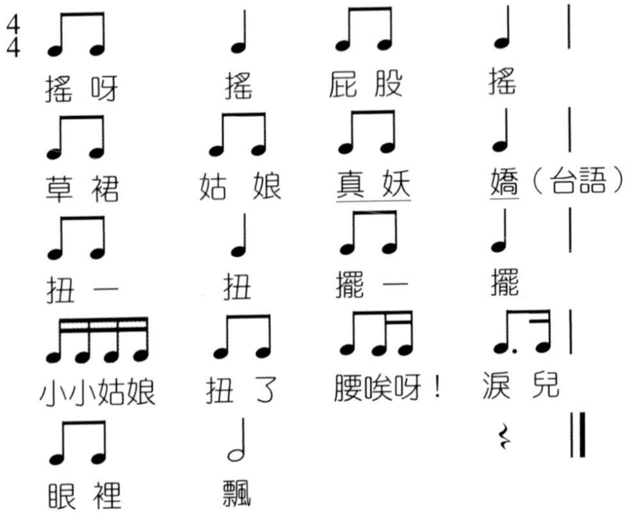
4
4
搖呀 搖 屁股 搖
草裙 姑娘 真妖 嬌（台語）
扭一 扭 擺一 擺
小小姑娘 扭了 腰唉呀！ 淚兒
眼裡 飄

附錄二：夏威夷與草裙舞（The Hula）

1.夏威夷（Hawaii）

夏威夷原屬於大溪地古語，意思是燃燒中的火山島，島上終年長夏，沒有嚴寒的冬天，是屬於海島型氣候。它是一個充滿愛、夢幻與歡樂的美麗島嶼，有著湛藍的海洋、聳立的棕櫚、柔細的沙灘、清澈的天空、清風拂面的微風與溫暖的陽光，給人的感覺像是一個無憂無慮的世外桃源。通常 11 月到 3 月的雨季過後，天的邊際常出現美麗的彩虹，因此夏威夷又被稱為「彩虹的故鄉」。

夏威夷融合了多元文化的生活方式，走在路上常有人向你高喊「阿囉哈（Al-oha）」，這是代表歡迎與祝福之意，亦是古夏威夷人見面的寒暄語。Alo 代表的是「面對」，ha 則表示是「生生不息」之意。

2.草裙舞（The Hula）

草裙舞如同一部夏威夷的歷史，雖然沒有文字卻記錄了島上傳統居民與王公貴族的歷險、傳奇和浪漫故事。

草裙舞在人們心中有著十分崇高的地位，舞蹈與歌曲卻早已融入了人們的價值觀，是夏威夷人官方和老百姓日常生活的一部分，一年到頭都可以在宴會、晚宴、購物廣場……等地方欣賞草裙舞節和比賽。草裙舞有：

⑴卡希克草裙舞（Hula Kahiko）

它的特點是穿上由鐵樹葉編織而成的草裙與服裝，頭頂和肩上戴上由花朵、藤蔓和蕨類編成的花環，舞者和著鼓聲、葫蘆、弄笛或竹竿敲奏的樂音翩然起舞。

⑵奧何納草裙舞（Hula Auana）

音樂伴奏則引入了西方樂器，融合了吉他和四弦琴的聲音。

單元5

踏浪花

活動目標：

❶ 提升幼兒的節奏感與音樂性。
❷ 豐富孩子的想像力與觀察力。
❸ 培養幼兒對色彩的組合與藝術創作能力。

設計理念：

本單元以團體合作的方式帶領幼兒來展現律動，充分的運用肢體表達出樂曲的拍子與節奏，並利用道具變化出肢體的造型，豐富孩子的想像力與觀察力來呈現活潑的海邊景象。最後結合樂器的敲奏，以不同的伴奏型態培養幼兒的專注力與互助合作的精神。

＊注意事項：本單元可依幼兒能力分 2～3 次來進行。

活動過程：

引起動機

老師與幼兒討論在海面上、沙灘上能進行哪些活動？如：海面上有衝浪、海上摩托車、行駛帆船……，沙灘上有人蹓狗、玩排球、吃冰淇淋……等等，問幼兒是否曾站在沙灘，感受浪潮衝往腳底的感覺？小腳丫和褲子會不會溼答答（見幼兒課本 p.11）？

活動一／兒歌／律動──「踏浪花」

❶ 兒歌：老師先引導幼兒拍肢體節奏，並唱歌曲「踏浪花」（見附錄；幼兒課本 p.12）。

＊肢體節奏範例：a：【♩（拍手） ♩（雙手一齊左右拍腿）】

b：【♩（左手拍左腿）♫（右手拍 2 下右腿）】

❷ 律動：

a.老師先準備一條約 200 公分長的藍色大方巾（或長巾）3～4 條。

b.請幼兒各握住方巾的四周圍。

c.配合兒歌做出動作。

道具

範例如下：

◎樂曲 A 段

歌詞：「踏踏浪花，踏踏浪花，浪花打過來小腳跳起來（反覆 2 次）」。

動作：第 1～3 小節（12 拍）：幼兒圍圈各握住方巾的四周，往逆時針方向走。

第 4 小節（13 至 16 拍）：幼兒定點並持著大方巾，隨著歌詞詞意，拉住大方巾往上跳起來。

第二次反覆時往順時針方向走，方法如前。

◎樂曲 B 段

歌詞：「左邊踏踏，小腳丫溼答答；右邊踏踏，小腳丫溼答答。」

律動──踏浪花（一）

律動──踏浪花（二）

律動——踏浪花（三）

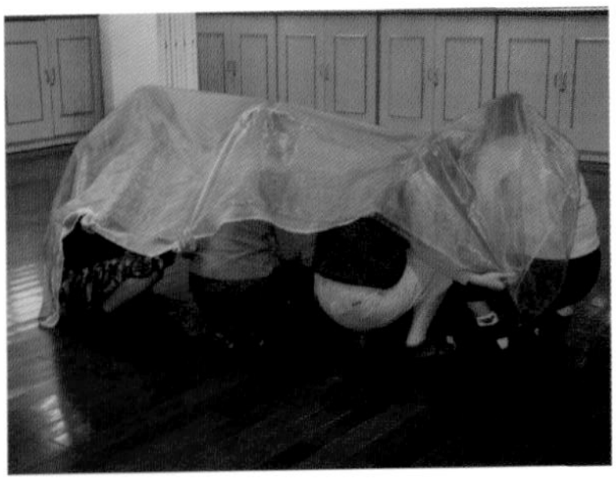

律動——踏浪花（四）

動作：第 5、6 小節（前 6 拍）：幼兒各握住方巾的四周圍往左走。

第 6 小節（後 2 拍）：幼兒定點站好，手持大方巾，腳踏出【♫（詞：溼答）♩（詞：答）】的節奏。

第 7、8 小節（前 6 拍）：幼兒各握住方巾的四周圍往右走。

第 8 小節（後 2 拍）：幼兒定點站好，手持大方巾，腳踏出【♫（詞：溼答）♩（詞：答）】的節奏。

◎樂曲 A 段

歌詞：「踏踏浪花，踏踏浪花，浪花打過來小腳跳起來」。

動作：第 9～11 小節（12 拍）：幼兒各握住方巾的四周圍繞圈走（如前 A 段）。

第 12 小節（4 拍）：幼兒定點，將大方巾往上拉，所有幼兒躲入大方巾裡（如同被方巾包起來）。

活動二／器樂合奏——「踏浪花」

❶ 待幼兒熟悉歌曲及曲式後，老師示範每種樂器的敲奏方式及節奏，如下：

◎樂曲 A 段

a.邦哥鼓：【♩（左手：低音）♩（右手：高音）♩（左手：低音）♫（右手：高音）】

b.大　鼓：【𝄽 ♩ 𝄽 ♩】

c.中音木琴：【♩（左手：中央D音）♫（右手：中央A音）♩（左手：中央G音）♩（右手：中央A音）】

d.低音木琴：【♩（左手：低音D音）♩（右手：低音A音）♩（左手：低音D音）♩（右手：低音A音）】

（可將不必要的敲擊鍵拆除）

◎樂曲 B 段

a.鈴鼓：【𝅗𝅥～～～　𝅗𝅥～～～　|𝅗𝅥～～～　𝅗𝅥～～～】（反覆 2 次）

b.風鈴：【　𝄻　|𝅝～～～～～～】（反覆 2 次）

c.響棒：【　𝄻　|𝄽　𝄽　♫　♩　】（反覆 2 次）

❷ 老師將幼兒分組，並分給每組幼兒一種樂器，進行合奏。

貼心小叮嚀

老師可依幼兒的能力與樂器多寡，來調整合奏的型態與節奏的配置。

活動三／節奏排卡／童韻──「小腳丫」【複習𝄽、♩、♫、𝅘𝅥𝅯𝅘𝅥𝅯𝅘𝅥𝅯𝅘𝅥𝅯、𝅗𝅥】

❶ 請幼兒翻開課本後面，把後面的節奏卡拆下來。

❷ 老師示範用節奏卡排出一組節奏，並拍出該組節奏。

❸ 老師引導幼兒排出「踏浪花」的伴奏的節奏型態。

❹ 老師與幼兒一同拍出節奏並唱歌曲。

❺ 結束後，請幼兒將節奏卡收放於幼兒課本封底內的紙袋中。

貼心小叮嚀

老師提醒幼兒，將使用後的節奏卡放於幼兒課本封底內的紙袋中，方便下次使用時拿取。

❻ 帶領幼兒唸誦童韻──「小腳丫」（見附錄二），並以簡單的固定節奏來伴奏，如【♩（拍手）♫（雙手分別拍左右腿）♩（拍手）♫（雙手分別拍左右腿）】

❼ 老師可以帶領幼兒加入「活動二」的樂器來伴奏，使節奏更豐富。

貼心小叮嚀

在節奏樂器的使用（或伴奏）上亦可多變化，例如不同的語句或節奏型態用不同音色的樂器敲奏，增加趣味性。如：

童韻：浪花打過　來　小腳丫丫　跳起來

【♬♬　♩　♬♬　♫♪

（響棒）（手鼓）（響棒）（刮胡）】……

活動四／藝術創作──我的腳丫丫

老師準備一張黑色壁報紙（約 5～6 人一張），請幼兒光腳丫站上去，以蠟筆描出幼兒的腳底板，請幼兒在自己的腳丫丫上做擬人化的造型（利用蠟筆畫上眼睛、鼻子、嘴）。

貼心小叮嚀

老師亦可發給毛線與膠水，請幼兒利用毛線來創造「我的腳丫丫」，培養幼兒對色彩的組合與藝術創作能力。

我的腳丫丫

結束活動

幼兒彼此分享自己的作品。

延伸活動：

＊鼓樂舞蹈

將幼兒分成兩組，a 組敲擊樂器，b 組進行（活動一的）律動：「踏浪花」（或由老師編成舞蹈）。

需要的教材教具：

❶ 200 公分大方巾。

❷ 樂器：手鼓、大鼓、鈴鼓、風鈴、邦哥鼓、中音木琴、響棒、低音木琴、刮胡（視幼兒人數而定）。

❸ 黑色壁報紙（視幼兒人數定）。

❹ 毛線、膠水。

附錄一：歌曲

踏浪花

以色列歌曲
詞曲改編：吳幸如

小腳丫

童韻：吳幸如

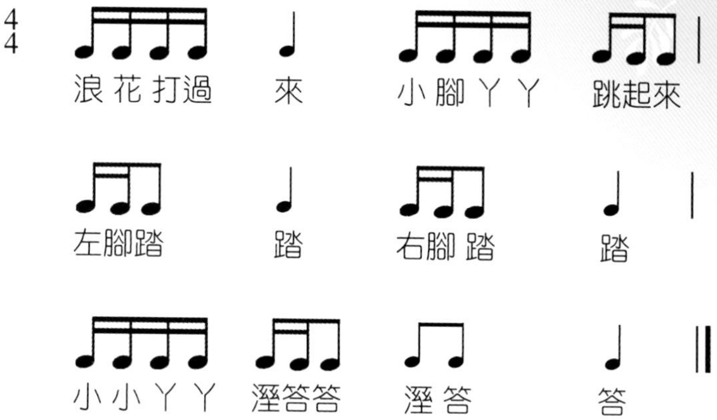
4
4
浪花打過 來 小腳丫丫 跳起來
左腳踏 踏 右腳 踏 踏
小小丫丫 溼答答 溼 答 答

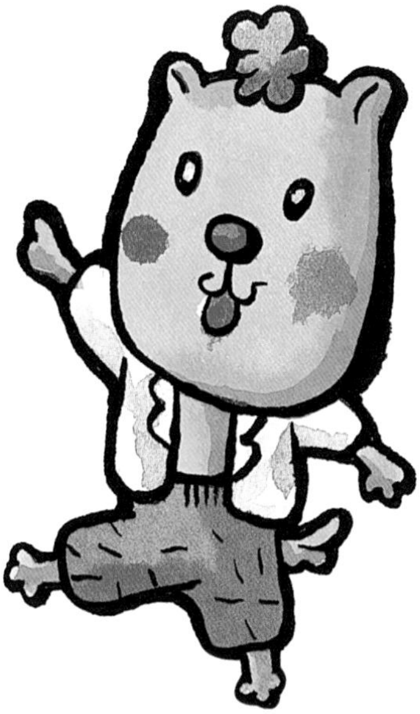

單元 6

樂器 DIY：紙刮胡

活動目標：

❶ 認識克難樂器的製作素材。
❷ 增強幼兒動手製作樂器的能力。
❸ 培養幼兒模仿與觀察的能力。
❹ 培養幼兒環保概念。

設計理念：

聲音的來源與變化在日常生活中隨處可尋，經由探索、巧思與創意，不難發現克難樂器素材的存在。本單元活動幫助幼兒發現生活中有哪些物品可以製作成樂器，希望帶給幼兒廢物利用與環保的概念，此外亦讓幼兒利用不同的素材來從事創作，體驗活動的樂趣。

＊ *注意事項*：1.於前一週請幼兒帶長方形紙餅乾盒（約 20 公分長，如蘇打餅乾之類的盒子）。
2.老師需準備將回收的大紙箱 2～3 個（超商均可尋得）。

活動過程：

引起動機

❶ 請幼兒拿出自己所帶來的紙餅乾盒，與幼兒討論它除了能裝餅乾外，還有什麼功用（如：可以用棒子敲出聲音，或做成小汽車……）？

❷ 老師拿出樂器「刮胡」，利用棒子上下刮出的聲音，讓幼兒聽一聽其聲音特色，亦與幼兒討論是否有不同的敲奏法。

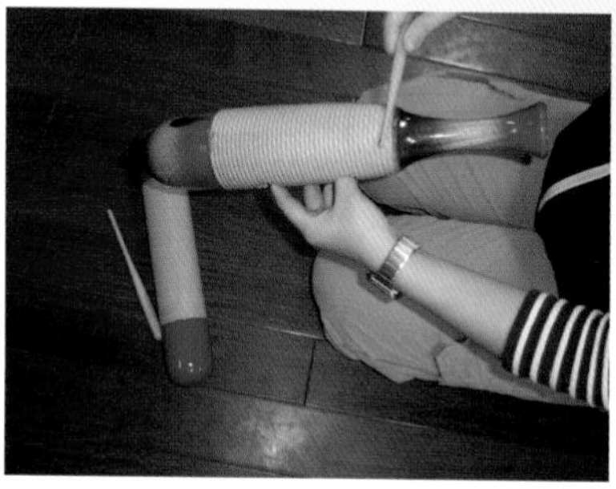
樂器——刮胡

❸ 拿出大紙箱，利用組裝好的紙箱敲出聲音，詢問幼兒這聲音像教室哪一種樂器（如大鼓所發出的聲音……）？

❹ 將紙箱上的一層紙皮撕開（此時的紙箱呈現一面有瓦楞紙，一面是紙箱表皮），並向幼兒介紹這面凹凸不平的面是「瓦楞紙」。

材料——瓦愣紙

❺ 告知幼兒瓦楞紙亦能像「刮胡」一樣用棒子刮出聲音。

活動一／自製樂器——紙刮胡

◎作法一：

❶ 老師發給每個幼兒裁好的瓦楞紙（約 A4 大小，文具用品社均有販售）。

❷ 請幼兒將瓦楞紙摺成長四方型或捲成筒狀（凹凸面朝上），於連接處黏上膠帶固定即可（見幼兒課本 p.13）。

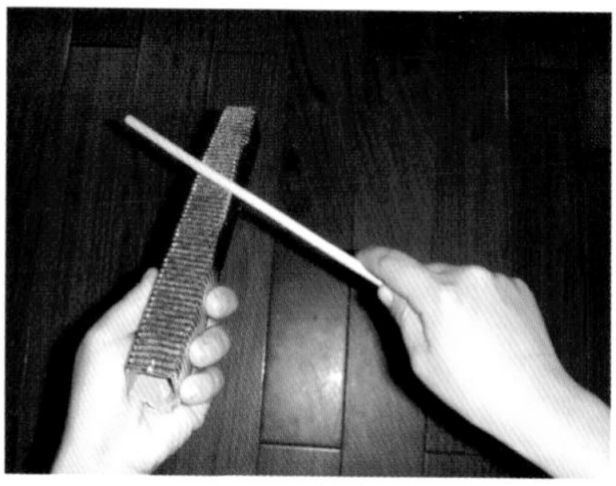
紙刮胡（一）

❸ 發給幼兒每人一隻竹筷子，在竹筷子另一端黏貼上彩色皺紋紙，創造出刮擊棒的造型。

❹ 請幼兒拿起紙刮胡，以竹筷子刮一刮自製的刮胡，並聽其刮出的聲音與其他人的刮胡的聲音是否相同。

◎作法二：

❶ 老師發給每個幼兒裁好的瓦楞紙（約 A4 大小）。

❷ 請幼兒拿出長方形紙餅乾盒，利用剪刀將瓦楞紙剪出餅乾盒大小的長方形 3 片，利用雙面膠（或白膠）貼於餅乾盒 3 個面上。

製作過程（一）

❸ 未貼瓦楞紙的挖兩個洞，兩洞的距離約 7 公分（洞的大小以中指與大拇指能穿進去的大小為基準），請幼兒將大拇指與中指伸進去洞裡，抓握住紙刮胡。

❹ 發給幼兒每人一隻竹筷子，在竹筷子另一端利用膠帶黏貼上彩色皺紋紙，創造出刮擊棒的造型。

製作過程（二）

❺ 請幼兒拿起紙刮胡，以竹筷子刮一刮自製的刮胡，並聽其刮出的聲音與其他人的刮胡的聲音是否相同。

紙刮胡（二）

彩色的紙刮胡

請幼兒用自製樂器與克難樂器進行合奏（頑固伴奏）。

範例：

❶ 自製紙刮胡：【♩ ♩ ♩ 𝄽】

❷ 大紙箱：【♩ 𝄽 ♩ 𝄽】

❸ 長刷子：【♩ ♫ ♩ ♫】

需要的教材教具：

❶ 大紙箱。

❷ 瓦楞紙（文具用品社均有販售）。

❸ 雙面膠（或白膠）、膠帶各一捲。

❹ 彩色長條皺紋紙。

❺ 竹筷數雙。

❻ 安全剪刀數把。

❼ 長刷子數支（如：刷地板用的刷子，進行克難樂器合奏用）。

單元7

豆豆的幻想世界

活動目標：

❶ 利用故事戲劇來提升幼兒肢體創造力。
❷ 由動作探索中引發相關經驗與聯想。
❸ 增進幼兒的創造思考與問題解決能力。

設計理念：

利用各種樂器與音響圖形帶領幼兒進入想像與模仿的世界，配合故事情節，運用肢體動作與聲音表現出戲劇張力，並透過故事的展現與串聯，充分的表達出對事物的概念，從中激發幼兒的想像力與創造力。

＊注意事項：本單元可依幼兒能力分 2～3 次來進行。

活動過程：

引起動機

❶ 聲音圖形
a.老師拿出童軍繩，在地板上擺出不同的形狀，如：右圖童軍繩（一）。
b.帶領幼兒試著以聲音來哼出童軍繩所擺

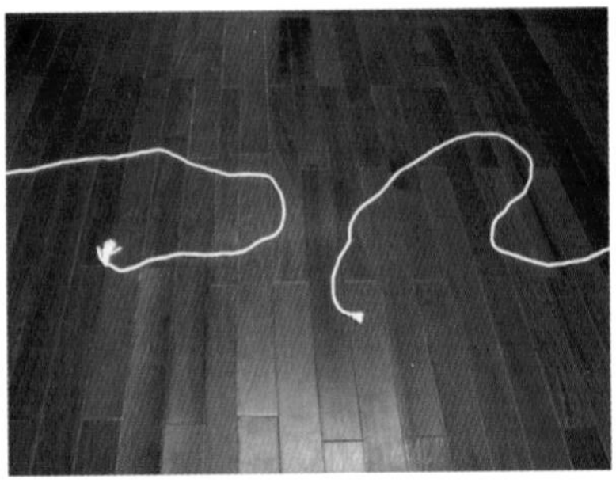

童軍繩（一）

出的線條（高低與變化）。

c.發給幼兒 70 公分長的中國結繩子或毛線，請幼兒自己創作出任何線條的形狀，並一個個利用嘴巴來哼出音效。

童軍繩（二）

❷ 肢體模仿

a.老師再次拿出童軍繩，在地板上擺出不同的形狀。

b.請幼兒仔細觀察童軍繩的形狀，然後躺在地板上試著以肢體來模仿童軍繩的形狀。如圖：肢體模仿㈠～㈢。

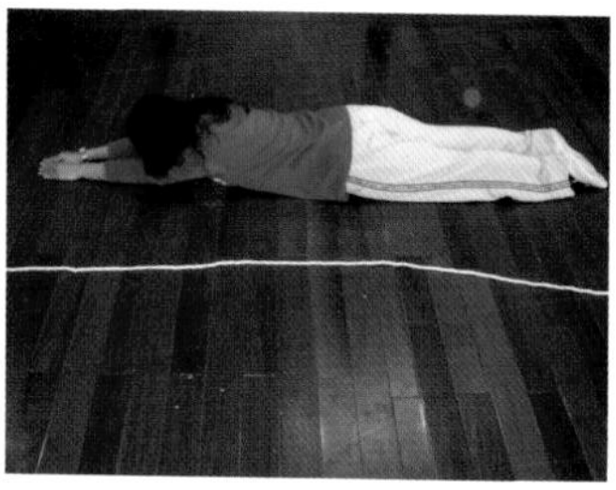
肢體模仿（一）

肢體模仿（二）

肢體模仿（三）

貼心小叮嚀

當活動進行時，老師可以播放輕柔的樂曲當背景音樂，如：新世紀音樂或古典樂……等等，提升活動的活潑性及參與度。

活動一／音響圖形——即興配器法

❶ 老師拿出 7 張音響圖形（見附錄），與幼兒討論可用什麼樂器或聲音來表現。

❷ 老師拿出各種不同的打擊樂器（包含木製、金屬、皮革類），請幼兒聽一聽樂器的聲音，並嘗試找出與其相對應的音響圖形。

活動二／肢體即興——動作探索

動作探索遊戲（一）

動作探索遊戲（二）

❶ 老師利用樂器敲打出音效，並引導幼兒做相關性的聯想後，運用肢體動作將它表現出來。

例如：a.用響棒敲奏（幼兒學士兵走路）。

b.用三角鐵（幼兒學蜜蜂飛狀）。

c.單音敲奏鐘琴（幼兒做跳躍動作）……等等。

❷ 與幼兒討論 7 張音響圖形（見附錄），可能模仿與呈現的肢體動作是什麼？

活動三／音樂劇（配器／肢體）——「豆豆的幻想世界」

❶ 老師以豆豆的故事為開端（見幼兒課本 p.14），帶領幼兒加入他們對音響圖形的想像，並試著以樂器、人聲與肢體動作，做為音響圖形（或故事情境）的音效表現（見附錄範例）。

❷ 將幼兒分成兩組，a 組負責敲樂器配音效，b 組以動作來表現。旁白則由老師擔任。

貼心小叮嚀

老師可自行視情況改編故事內容、架構或音響圖形的樣式（圖形畫法）。

結束活動

請幼兒自己找出一個喜愛的樂器來敲擊，發給幼兒彩色筆，請幼兒在課本（p. 15）上畫出其樂器所代表的聲音圖形。

需要的教材教具：

❶ 童軍繩數條。

❷ 中國結繩或毛線數條（約 70 公分長）。

❸ 音響圖形海報。

❹ 樂器：三角鐵、大鼓、鐘琴、鐵琴、木琴、響棒……故事中所運用到的樂器。

❺ 彩色筆數盒。

附錄：故事範例——「豆豆的幻想世界」

媽媽帶著豆豆去海邊渡假，看到美麗的沙灘與藍藍的大海，在輕柔的微風吹拂下，豆豆躺在沙灘的太陽傘下，看見一道亮光緩緩朝他眼前而來……，果然有一個小精靈跳到豆豆的眼前（三角鐵噹噹噹的響起）。

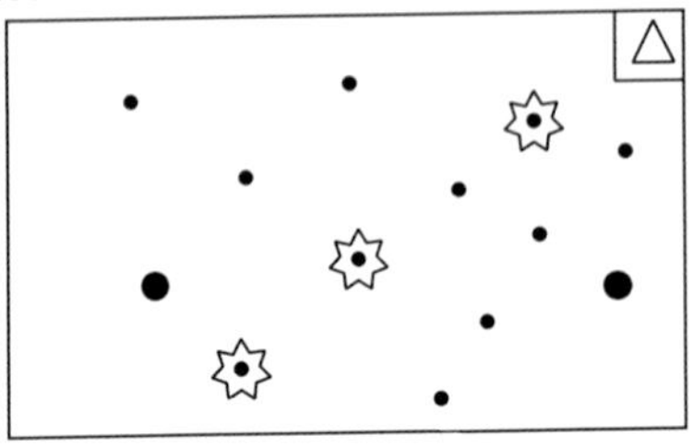

圖一：三角鐵

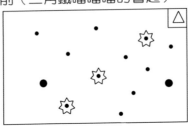

「豆豆，豆豆，趕快來，我們一起去玩吧！」於是豆豆跟著小精靈來到了「胖嘟嘟」王國，遇到了胖嘟嘟的國王（大鼓咚咚咚的響）。

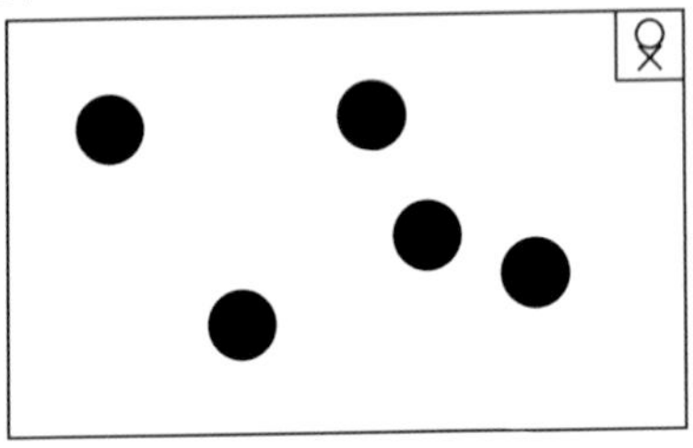

圖二：大鼓

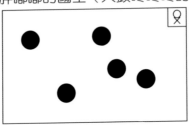

胖嘟嘟國王非常歡迎他們來到，一群英勇的士兵引導他們到皇宮作客（響棒敲出漸強與漸弱……）。

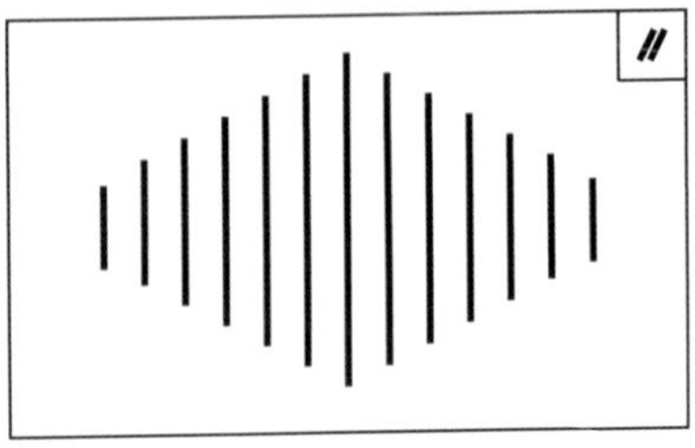

圖三：響棒

哇！好長的樓梯出現在眼前閃閃發亮，神奇的樓梯竟然會唱歌，豆豆高興的跑上跑下（木琴敲出上行音與下行音），進入胖嘟嘟國王的皇宮。

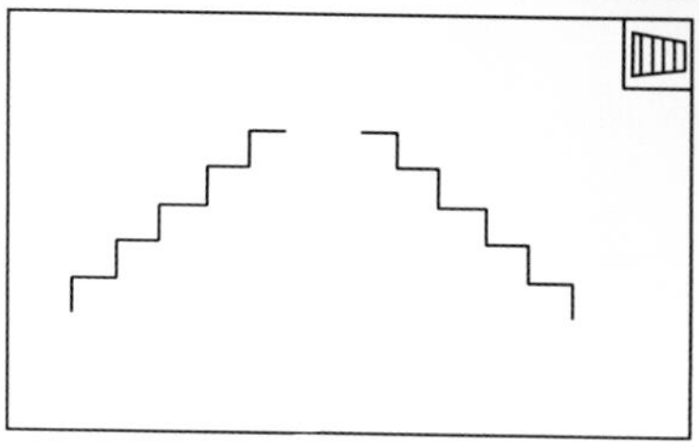

圖四：木琴

「哇！地板好亮喔！」小精靈也高興的跳來跳去（利用鐘琴棒在琴鍵上即興旋轉畫圈圈）。

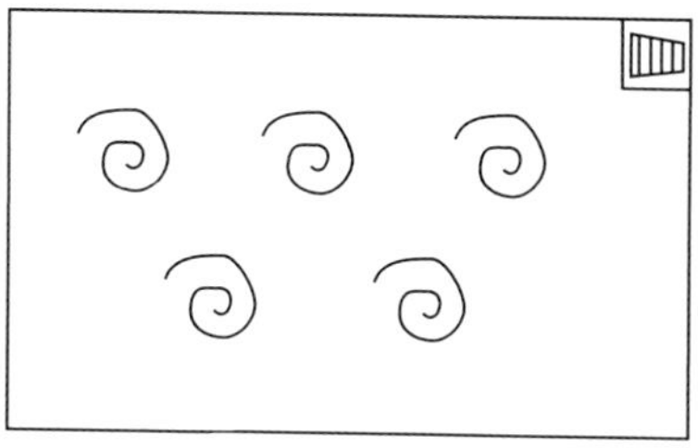

圖五：鐘琴

走到了胖嘟嘟國王的花園，裡面有許多美麗的花與小山、瀑布（風鈴滑奏），這時，豆豆忽然想邀請媽媽一起來欣賞，結果一轉身……，「唉呀！」豆豆跌了個倒栽蔥，掉到沙灘上醒了過來，揉揉眼睛（搖動手搖鈴），喔！原來是一場夢。

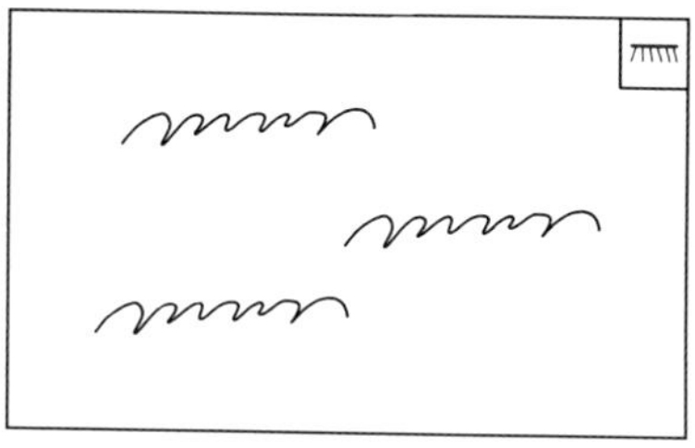

圖六：風鈴

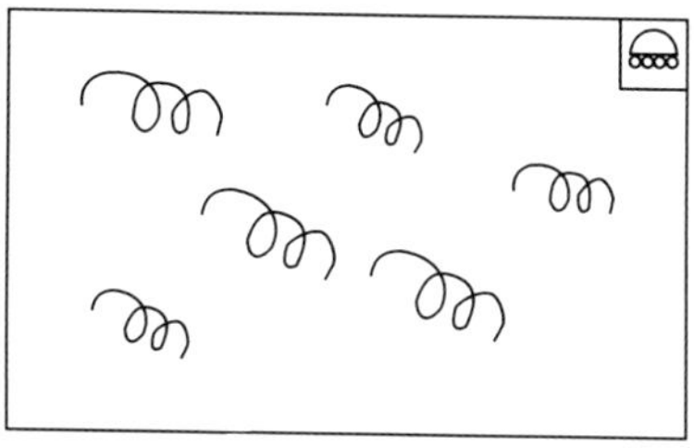

圖七：手搖鈴

貼心小叮嚀

老師可將故事中的音響圖形繪製成海報，貼於白板上，方便一邊說故事一邊敲奏樂器，讓幼兒更清楚的看到音響圖形。

單元 8

青春舞曲

活動目標：

❶ 培養幼兒對音樂節奏的反應能力。
❷ 增進幼兒對圖形的組織概念。
❸ 促進幼兒間的互動與專注力。
❹ 促進幼兒肌肉發展與手眼協調能力。

設計理念：

利用活潑輕快的曲子「青春舞曲」，讓幼兒透過創造性的肢體活動，增進對節奏的反應能力與圖形的組織概念，以提升幼兒肢體動作的協調與專注力。

活動過程：

引起動機

老師以中國新疆的傳統服裝、風景圖片或影片，向幼兒介紹當地的風土民情和文化特色（見參考書籍與幼兒課本 p.16）。

活動一／新疆歌曲——「青春舞曲」

❶ 請幼兒圍圈坐，老師播放歌曲「青春舞曲」（見需要的教材教具CD），帶領幼兒拍出固定節拍【♩ ♩ ♩ ♩】來伴奏。

❷ 老師利用傳球的遊戲帶領幼兒唱歌曲，利用鈴鼓敲奏【♩ ♩ ♩ ♩】，幼兒以逆時針方向配合節奏一個個傳遞球。

貼心小叮嚀

✿老師可以以4個小節或8個小節為一單位，敲奏三角鐵【♩】一聲響，幼兒一聽到三角鐵的聲音時，必須及時的改變傳球的方向。如，原本幼兒以逆時針方向傳球，老師敲三角鐵後，幼兒則以順時針方向傳回。

✿老師必須配合幼兒的能力，注意唱歌時與固定節奏的速度，若使用CD播放歌曲，間奏的地方可以停止傳球，或引導幼兒做出肢體即興拍打動作。

傳球遊戲

活動二／創造性肢體節奏

❶ 老師將圖卡表格（每一表格代表一固定拍）貼於白板上（見下頁照片）。

❷ 拿出事先做好的肢體圖卡與幼兒討論每一種卡片上的動作意義。

❸ 請一至兩位幼兒將肢體圖卡分別貼於圖卡表格中，播放歌曲前，由老師指著圖卡，請全體幼兒一起看著肢體動作圖示來做動作，先了解整個圖示內容。

肢體圖卡

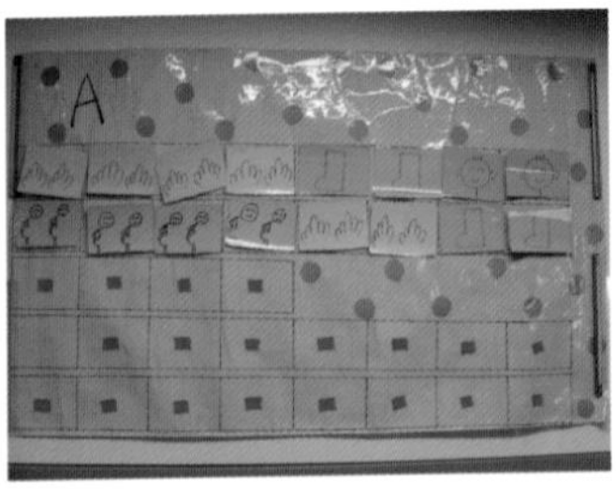

創造性肢體節奏表（一）

創造性肢體節奏表（二）

❹ 老師播放歌曲，帶領幼兒一起看著肢體動作圖示來進行活動。樂曲間奏時，可以引導幼兒即興自由舞動身體。

❺ 老師亦可進行器樂敲奏：將肢體圖卡更換成器樂圖卡，並將幼兒分組，每組分配不同的樂器，讓幼兒看著圖形敲奏自己手上的樂器（每一個格子代表一拍）。

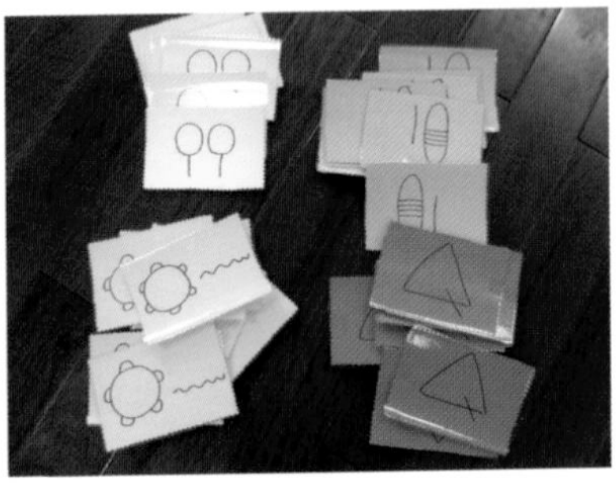

器樂敲奏圖卡

器樂圖卡節奏表（一）

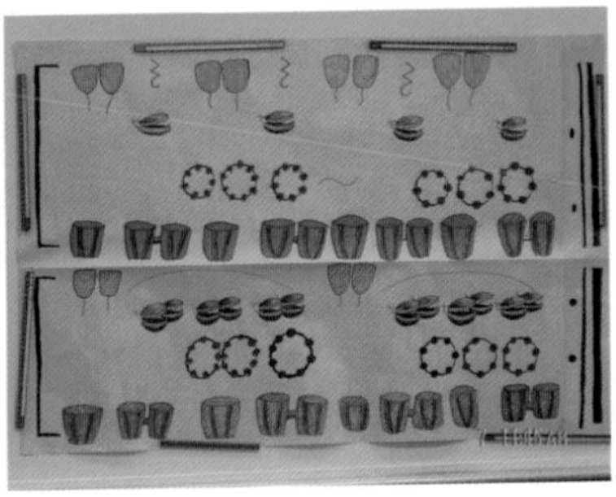

器樂圖卡節奏表（二）

貼心小叮嚀

✿樂曲共分為三段（A B A），老師亦可以利用肢體圖卡和樂器圖卡交錯排出，如：A段為肢體節奏、B段為樂器敲奏……等等。請幼兒在 B 段敲樂器，A 段做動作來增加活動的趣味與幼兒的專注力，或將幼兒分成 A、B 組進行活動。

✿老師可以在每一圖卡表格中與圖卡背面黏上魔鬼氈或磁鐵片〔見右方圖示器樂圖卡節奏表（一）〕，以方便圖卡的更換與操作。

活動三／節奏排卡——複習【𝄽、♩、♫、♬♬、𝅗𝅥……】

❶ 翻開課本封底，請幼兒從課本封底內的紙袋中拿出節奏卡，複習教過的拍子與節奏。

❷ 老師拍出節奏，如：【♫　♩　♫　♩】，請幼兒排出節奏順序。

❸ 老師自己利用一份節奏卡，配合幼兒的程度，於白板上排出節奏後，請幼兒拍出。

❹ 結束後，請幼兒將節奏卡放於幼兒課本封底的紙袋內。

結束活動

紙上作業：請幼兒翻開課本（p.16）看看新疆的傳統服飾。

需要的教材教具：

❶ CD 音響。

❷ 音樂 CD：「西北雨」，***青春舞曲***，第 2 首。台北：風潮唱片。

❸ 節奏圖表海報。

❹ 肢體節奏圖形卡。

❺ 樂器圖形卡。

❻ 參考書籍：Mook 自由自在雜誌書（2003）*No.110*，***新疆***。台北：農學社（經銷）。

附錄一：關於新疆

新疆就像一座「民族櫥窗」，留下許多精彩的西域文化與傳奇。目前居住 47 個民族，包含漢族、維吾爾族、哈薩克族、蒙古族、柯爾克孜族、錫伯族、刀郎人、圖瓦人……等。

新疆民族熱情奔放，一如大漠草原的天寬地闊，婦女愛穿絲綢連衣裙，男子穿寬袖無扣的對襟上衣，無論男女老少頭頂上少不了一頂「朵巴」（繡花小帽）。眾多族群裡，南疆的維吾爾族能歌善舞，民間盛行「麥西萊甫」（譯語）是融合舞蹈與藝術的娛樂活動，地區不同，歌舞規模與型態也有差異。舞蹈中常見的擺脖子的動作，傳說是由維吾爾族人騎馬時身體自然擺動演變而來的，他們擁有自己的語言、文字，屬於阿爾泰語系突厥語族，採用阿拉伯字母拼音文字。

附錄二：樂譜

青春舞曲

新疆民謠

青 春 舞 曲

（創 意 肢 體 節 奏 表）

A

1 ‖:									:‖
2									
3									
4									
5									

B

6								
7								
8								

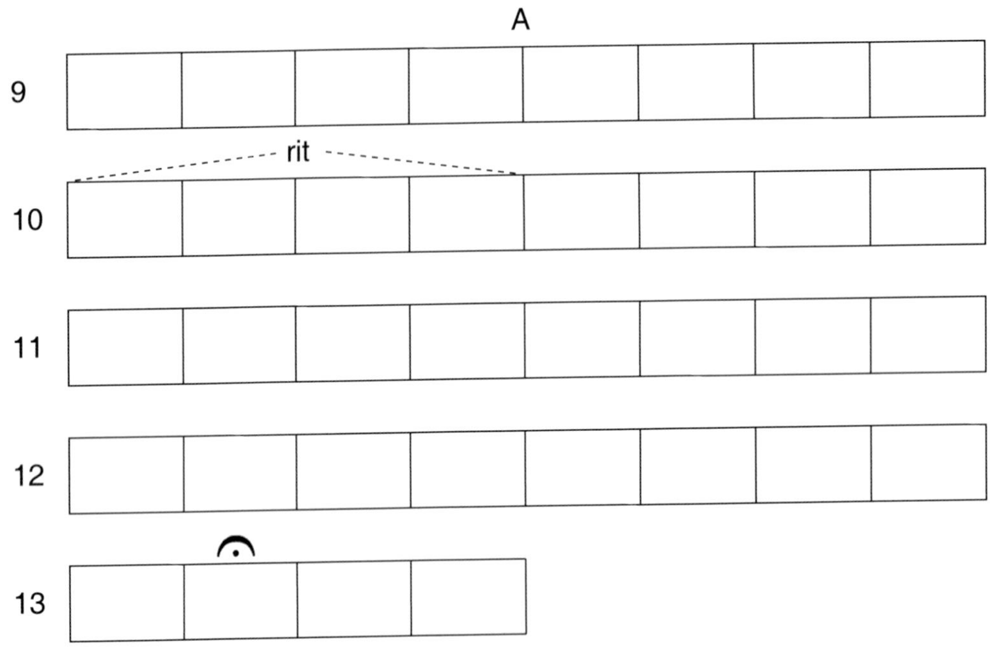

動作（樂器）符號說明

如：○ ——敲奏手鼓

——敲奏沙鈴

——敲奏鈴鼓

——踏腳

——拍手

——點頭

⋮

⋮

筆記欄

單元9

波斯市場

活動目標：

❶ 體驗東方風味的曲調與風土民情。
❷ 培養幼兒辨識音樂的節奏、速度、強弱的變化。
❸ 增進幼兒肢體模仿的能力。

設計理念：

英國作曲家——凱特貝（A. W. Ketèlbey　1875～1959）寫下這首充滿中東風味的名曲「波斯市場」（In a Persian Market）時，已將簡要情節大致記在原譜上，因此透過歌曲的播放，可以明顯感受到整個故事情境。此外他的另一些作品如「心靈勝境」、「修道院花園」、「中國寺院花園」……等亦相當膾炙人口。本單元藉由音樂活動的進行，讓幼兒了解整首樂曲的架構與生動的故事內容，利用肢體動作的模仿，帶領幼兒進入有趣的戲劇表演活動。

＊注意事項：本單元可依幼兒能力分 2～3 次來進行。

活動過程：

引起動機

介紹波斯帝國這個國家市場的風土民情（見幼兒課本 p.18~19），並和幼兒討論我們國家的菜市場，及市場中出現的人物會在那裡做什麼？如：賣菜的人在叫價、乞丐在路邊乞討、客人在買東西、街頭藝人（古代有雜耍表演）、各式各樣的雜貨物品店……等等。

活動一／音樂故事——「波斯市場」

老師將故事情節改編後，事先依曲式畫成幾張簡易圖片（可參閱幼兒課本），一邊展示圖片並播放音樂，敘述波斯市場內所發生的故事。

故事範例如下：

◎第一張：有一隊駱駝商人進入了波斯的市場採購、補貨，補完貨將進入沙漠旅行。商人進入市場後，人們也跟著聚集，到處選購物品。

（＊老師可以與幼兒討論，駱駝商人的裝扮或駱駝背重物緩緩行進的動作。）

◎第二張：市場裡有些乞丐，乞丐看到商人進來後，希望商人可以施捨他們一些錢，因為他們已經餓了很多天了……，但是商人並未注意到可憐的乞丐。

（＊與幼兒討論乞丐乞討的樣子，如：卑躬屈膝、身體佝僂、舉步維艱……。）

◎第三張：波斯皇宮裡的公主趁著酋長不在，偷偷的溜出皇宮，與隨從（宮女）一起跑到市場去蹓躂……。優雅的姿態使她一出現，立刻引起一陣騷動，眾人一見，恭敬得駐足屈膝行禮。她憐憫乞丐，並差遣隨從將錢施給乞丐，乞丐們感激得頻頻向公主道謝。

〔＊與幼兒討論公主的裝扮與姿態（臉部蒙著頭紗、優雅的步伐）、隨從（宮女）將錢施予乞丐的動作、乞丐拿到錢時的心情與感謝的姿勢……〕

◎第四張：市場裡有許多賣藝、雜耍的人，公主看到後覺得很特別，就開心的在旁邊欣賞。

（＊古代雜耍、賣藝人的類型有哪些，如：跳火圈、丟球、魔術師、吹笛人與蛇、帶著寵物表演者……。幼兒討論時可以請一些幼兒來模仿類似的肢體動作。）

◎第五張：酋長帶兵打勝仗回來了，公主怕被酋長發現就躲在一旁偷看，結果公主看到酋長身邊有位英勇的王子，公主一眼就喜歡上王子，忍不住走出來找酋長。酋長看到公主跑出來很訝異，接著就介紹王子給公主認識，然後就帶著兩人一起回皇宮了。

（＊與幼兒討論酋長的動作、英勇士兵的步伐、帥氣的王子裝扮、公主的嬌羞……）

貼心小叮嚀

✿老師可以讓幼兒全部聽完整個歌曲與故事後，再分段來討論每一段樂曲內容、細節與人物動作的模仿。

✿建議利用道具，如：大小不同顏色的絲巾、彩帶、呼拉圈、不同大小的球類、報紙、童軍繩、彈力彩色絲襪、面具、樂器及日常生活用品……等，豐富道具資源，激發幼兒的創意，鼓勵幼兒去嘗試與探索各種角色的動作與變化。

活動二／創作性音樂戲劇——「波斯市場」

老師帶領幼兒一起分段演出，範例如下：

◎音樂 A 段：一群駱駝商隊漸漸接近市場（音樂漸強），想選購一些日常用品與食物，他們將駱駝帶到樹蔭下休息。

市集

◎音樂 B 段：市場裡的乞丐看到商人來了，紛紛找商人乞討，口中唱著：‖: 求求你給我一點點錢 :‖，因為已經好幾天沒吃東西了，屈身彎腰向商人乞討。

駱駝商隊

◎音樂 C 段：偷溜出宮的公主從駱駝身上下來，進入市場選購她想買的

乞丐

公主與乞丐

雜耍表演

王子與公主

東西、手飾、布料……，公主看到可憐乞丐就差遣隨從施捨錢財給他們，拿到錢財時，乞丐們頻頻向公主道謝。

◎音樂 D 段：公主看到市場有很多賣藝、雜耍的人，看得好開心，一直欣喜稱讚。

◎音樂 E 段：酋長的隊伍打勝仗回來了，眾人一見，屈膝跪拜，夾道歡迎。

◎音樂 B 段：乞丐又再度出現，看到酋長亦恭敬行禮，酋長仁慈的賞了他們一些錢。

◎音樂 C 段：公主看到酋長及酋長身邊的王子，一眼就喜歡上了那位王子，經由酋長的介紹後，兩人隨著酋長一同回宮。

◎音樂 A 段：駱駝商隊整裝後離開市場，隨著駱駝的腳步愈走愈遠（音樂漸弱）。

Coda（結尾）：市場的人們一一散去……，夕陽下的波斯市場終於落幕了……。

結束活動

老師與幼兒一起討論今天的活動，請幼兒說出並做出今天他最喜愛的角色。

延伸活動：

＊音樂劇表演

老師可把音樂劇加上道具、服裝，並將所有人物串聯成一個故事，配上音樂於舞台上演出。

音樂戲劇——波斯市場（一）

音樂戲劇——波斯市場（二）

音樂戲劇——波斯市場（三）

音樂戲劇——波斯市場（四）

音樂戲劇——波斯市場（五）

需要的教材教具：

❶ CD 音響。

❷ 音樂 CD：⑴「大眾名曲——世界名曲 I」，*波斯市場（In a Persian Market）*，第 6 首。台北：聯記唱片。
⑵「兒童世界名曲 2」，*波斯市場（In a Persian Market）*，第 9 首。台北：光美文化。

❸ 音樂故事圖卡（由老師自行製作）。

❹ 道具：如絲巾、彩帶、呼拉圈、不同大小的球類、報紙、童軍繩、彈力彩色絲襪、面具、樂器及日常生活用品……等。

附錄：波斯帝國的介紹

古波斯帝國（Ancient Persian Empire）（550～330 B.C.）是印歐民族的一支，西元前 6 世紀崛起於伊朗高原。波斯人是古代伊朗人部落的一支，所以有人認為古代伊朗人就是波斯人，波斯文明就是伊朗文明。波斯帝國是人類歷史上第一個橫跨歐、亞、非三洲的大帝國，不但引導了近東諸文化的融合，更大大推進了人類文明發展，波斯人兼容並蓄的精神使得波斯文明在軍事、建築、文學、音樂、舞蹈、天文、宗教各方面都有非凡成就。由於天候（沙漠地區）與文化關係，古波斯人不論男女穿著都很嚴謹，頭上或戴帽或戴頭巾，腳穿草鞋或皮鞋，構成獨特的穿衣風格。

單元10

聲音變變變

活動目標：

❶ 啟發幼兒對文學作品的喜好與興趣。
❷ 從活動中體驗內在情緒的反應與表達力。
❸ 藉由詩詞欣賞來傳達內在的情感。
❹ 鼓勵幼兒發揮自由聯想的能力。

設計理念：

兒童文學、兒童畫與兒童音樂有其相通的教育意義，兒童文學基本的內容涵蓋了散文類（故事、童話、寓言……）、韻文類（詩、詞、歌謠……）與戲劇類（舞台劇、電影、廣播劇、民俗戲曲……），其目的是透過遊戲的情趣來培育一個富有創意的兒童，以達到理智與情感的平衡。本單元利用兒童詩中的趣味與淺顯易懂的題材，帶領幼兒利用戲劇性的肢體與聲音的表現，體驗內在的情感與表達方式，以達到潛移默化、陶冶性情的文學涵養。

活動過程：

引起動機

老師和幼兒一同討論自己的情緒有哪些？如：生氣、開心、難過、煩悶、快樂、害怕……（見幼兒課本p.20），再和幼兒討論他們何時會有這種情緒出現，如：找不到媽媽會害怕、玩具被搶走會生氣、被老師責備會難過……等等，並請幼兒談談當這些情緒發生時，說話的聲音、語調、身體動作與平時有何不同？

活動一／情緒娃娃（肢體／聲音模仿）

❶ 老師準備幾張不同顏色的情緒圖片（臉譜卡），如：生氣、開心、快樂、傷心……（見圖示）。

❷ 老師先讓幼兒選擇一張圖卡，並以臉部來模仿（或揣摩情緒）臉譜卡的表情。

❸ 老師變換不同的臉譜，讓幼兒模仿每一種不同的表情。如：當老師拿出一張笑臉的臉譜卡，幼兒依照老師手中的臉譜做出表情。

情緒臉譜卡（一）

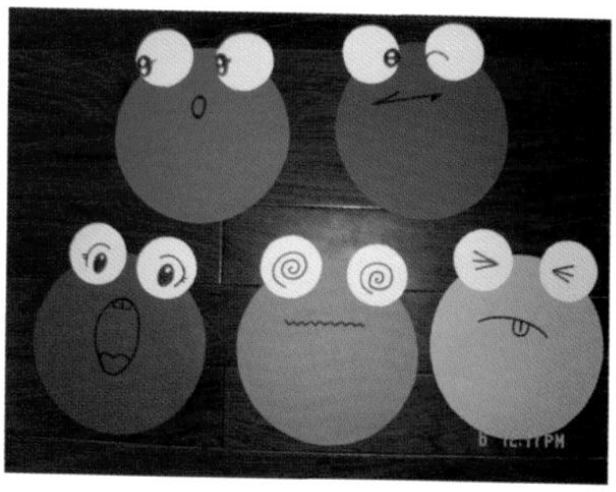
情緒臉譜卡（二）

活動二／兒童文學——童詩唸誦

❶ 選擇一首童詩後，老師先與幼兒們談談詩中的涵義與大意，並引導幼兒唸此首童詩（見參考書籍）。

❷ 老師和幼兒討論用不同的聲音來唸出這首童詩（甚至加入動作），如：生氣的聲音、開心的聲音、哽咽的聲音、顫抖的聲音……。

貼心小叮嚀

✿兒童詩的選擇強調淺顯易懂、情感真摯、詞句優美，是各種經驗的提煉與情感的提升，在課程中必須選擇適合幼兒的程度、符合其經驗、興趣，使幼兒能夠了解內容、引起共鳴才能產生興趣。老師可從生活的、故事的、幽默的、戲劇的、社會的、會話的……等，不同詩的題材上來選擇適合幼兒欣賞的詩（參考附錄或見需要的教材教具）。

✿老師選擇童詩教導幼兒唸誦前，需與幼兒們談談詩中的涵義與大意，讓幼兒能對詞義有更深一層的體會與了解。

✿老師可以利用簡易圖畫的方式，描繪出詩的內容，再引領幼兒唸誦。

✿童詩的選擇可參考《兒童文學》一書中「等一下」、「螢火蟲」、「螃蟹」；《會畫畫兒的詩》一書中「仙人掌」、「高跟鞋」；《我愛玩》一書中「竹蜻蜓」……等童詩。

活動三／聲音變變變

❶ 老師拿出圖片和幼兒進行「聲音變變變」的遊戲。

❷ 老師抽取任何一張圖譜卡片，幼兒則必須以抽出的情緒圖譜片上的表情唸出一句童韻。

❸ 待幼兒熟悉後，老師依童韻句子的長度與段落，更換手中圖片，讓幼兒以不同的聲音唸出童韻，帶領幼兒們加上動作來詮釋。

結束活動

❶ 紙上作業——我的表情：請幼兒翻開課本（p.21），發給幼兒彩色筆，畫出自己最得意的表情。

❷ 請幼兒回家用不同的聲音，朗誦一首詩送給爸爸媽媽。

延伸活動：

＊畫中有詩

將幼兒分組（5～6 人），給予一組幼兒一大張海報紙和彩色筆，請幼兒一起畫出今天所唸誦的這首詩的內容（意境），並將其完成的作品佈置於教室。

需要的教材教具：

❶ 不同情緒的臉譜卡。

❷ 參考書籍：

⑴林文寶等著（1996）。《兒童文學》。台北：五南。

⑵文：林芳萍；繪圖：陳璐茜（1998）。《會畫畫兒的詩》。台北：信誼。

⑶文：林芳萍；繪圖：劉宗慧（1997）。《我愛玩》。台北：信誼。

❸ 海報紙和彩色筆。

單元11

爆米花

活動目標：

❶ 啟發幼兒肢體模仿的想像力及創造力。
❷ 訓練肢體動作的敏捷性與協調性。
❸ 認識【♩♫】節奏。
❹ 培養幼兒互助合作的精神。

設計理念：

透過觀察爆米花的活動，引發幼兒動作模仿與創作，想像自己是一顆爆米花，體驗自己的身體由縮小、集中力量漸進至爆開的感覺。透過「爆米花」歌曲的合奏，訓練幼兒的音樂節奏與聆聽能力，從活動中發展同儕間的合作關係。

活動過程：

引起動機

❶ 事先準備未爆過的玉米粒（見需要的教材教具），與幼兒討論是否知道爆米花是如何形成的？

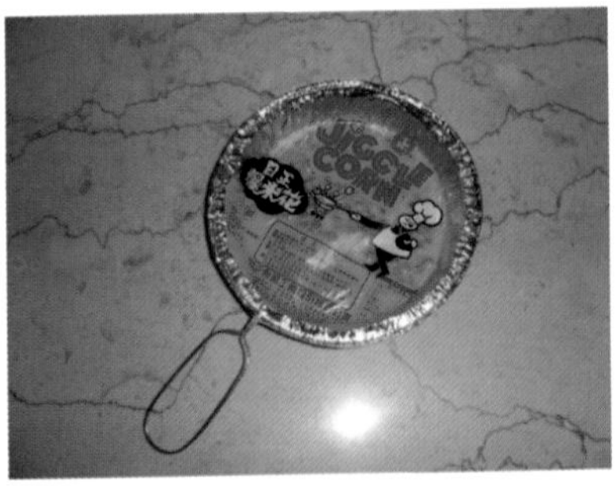

玉米粒

安全小瓦斯爐

爆米花（一）

爆米花（二）

❷ 老師利用器具（安全小瓦斯爐），讓幼兒現場觀察爆米花爆開的樣子與聲音。

❸ 肢體模仿——請幼兒將自己的身體縮小像是一顆小玉米，當老師拍打手鼓重音【♩>】時，集中力量將身體爆開（想像自己變成一顆爆米花）。

貼心小叮嚀

✿使用安全小瓦斯爐時，請幼兒勿靠太近，老師必須確實注意安全性，避免發生意外。

活動一／肢體即興與創作——「我是爆米花」

引導幼兒想像自己是一顆會四處跳動玉米，當聽到老師敲手鼓，節奏【♪♬ ♪♬ ♪♬ ♪♬】，請幼兒學玉米跳躍的樣子。例如：手拍【♪♬】，肢體往上跳躍，嘴巴唸出「ti — ti ri」。

活動二／兒歌——「爆米花」（肢體／說白）

❶ 老師帶領幼兒唸誦歌曲前奏口白（見附錄）：

【♫（嗶嗶）♫（啵啵）♫（嗶啵）♩（啵）】

❷ 配合肢體節奏：

【♩（拍左膝）♩（拍右膝）♩（拍左膝）♩（雙手齊拍：拍手）】

❸ 老師唱歌曲，幼兒們以肢體節奏配合說白，進行頑固伴奏（ostinato）。

活動三／器樂合奏：兒歌——「爆米花」

❶ 老師引導幼兒拍肢體節奏並唱歌曲——「爆米花」（見附錄；幼兒課本 p.23）。

器樂合奏

❷ 老師發給幼兒高低木魚或響棒，引導幼兒敲奏【♪♬ ♪♬】或【♪♬ ♫】來伴奏兒歌（同時唱歌與敲奏樂器）。

❸ 加入其他樂器伴奏：

a.鈴鼓：【♩〰〰 ♫】。

b.碰鐘：【𝄽 ♩〰〰】。

c.鐘琴或高音木琴：【♩（左手：中央C）♩（右手：高音C音）♩（左手：G音）♩（右手：高音C音）】

貼心小叮嚀

✿樂曲的前奏、尾奏的說白及樂曲中第 11 小節說白部分（語言節奏；問一問它？），請幼兒停止敲奏樂器，一起唸出字詞（語言）即可。

✿老師可以根據幼兒能力，調整伴奏的難易度。

活動四／節奏練習【♪♬】（ti — ti-ri）

❶ 告知幼兒【♪♬】的節奏口白：「ti — ti-ri」，請幼兒一起跟著拍唸。

❷ 請幼兒拆下課本後面全部的節奏卡（p.49～60）。

❸ 老師利用手鼓敲打節奏（加入其他教過的節奏，如♩、♫……等），請幼兒排出正確的節奏卡順序。

❹ 或由老師排出節奏卡，引導幼兒拍出節奏。

貼心小叮嚀

✿可以利用節奏卡排出器樂合奏的節拍。

✿活動結束後，請幼兒將節奏卡放入課本封底內的節奏卡紙袋中。

結束活動

紙上作業：❶ 請幼兒翻開課本（p.22），看看鍋子上少了什麼？
❷ 老師發給幼兒彩色筆，請幼兒在課本上畫上爆米花。

需要的教材教具：

❶ 製作爆米花之食材（便利商店／生鮮超市均可購得）。

❷ 安全小瓦斯爐。

❸ 樂器：鈴鼓、響棒、碰鐘、手鼓、高低木魚、鐘琴、高音木琴……。

❹ 節奏卡。

❺ 彩色筆數盒。

爆米花

傳統兒歌

詞曲改編：吳幸如

（語言節奏）
口白　嗶 嗶啵 啵　嗶 啵 啵　嗶 嗶　啵 啵　嗶 啵 啵
爆 米 花，爆 米 花，一 顆 玉 米 一 朵 花，
兩 顆 玉 米 兩 朵 花，很 多 玉 米 很 多 花，
有 一 顆 玉 米 不 開 花，問 一 問 它，為 何 你 呀
〔語言節奏（口白）〕
不 開 花？
rit
（語言節奏）
口白　嗶 嗶啵 啵　嗶 啵 啵　嗶 嗶　啵 啵　嗶 啵 啵

筆記欄

單元12

媽媽的禮物

活動目標：

❶ 複習【♩.　】附點二分音符。
❷ 培養幼兒的音樂性與專注力。
❸ 激發幼兒的創造力與想像力。
❹ 從歌曲中了解母親的偉大與培養感恩之心。

設計理念：

經由母親節的歌曲與音樂活動讓幼兒了解母親的偉大，回想一下平日的生活中，母親是如何地辛勞付出。活動中利用歌曲的唱誦與製作項鍊——「穿珍珠」的動作，來體驗樂曲的節拍與歌曲的旋律，除了增進幼兒手眼與動作的協調外，亦給予幼兒不同的資源來進行藝術創作，製作感謝卡送給母親，增進親子的情感交流，給予回報母親的機會。

＊注意事項：本課堂配合母親節的活動，分為 2 次來進行，並可配合園所的課程彈性調整上課的順序。

活動過程：

引起動機

與幼兒談論母親在家中所扮演的角色，想想媽媽都忙些什麼，我們該如何體諒媽媽、幫忙做一些家事……，如何用行動對媽媽表達感謝……（見課本 p.24）。

貼心小叮嚀

✿老師可以提醒幼兒，每次媽媽（包含家人）辛苦的接送上下學時，要時時保有一顆感恩的心，不要忘記謝謝他們的辛勞。

✿母親節與康乃馨的由來請參閱中班第 12 單元「康乃馨」。

活動一／兒歌——「天上的小珍珠」（複習【𝅗𝅥.】附點二分音符）

❶ 老師請幼兒圍圈坐，發給每位幼兒碰鐘或三角鐵。

❷ 老師以碰鐘敲出【𝅗𝅥.】的節拍，依順序請幼兒一個個輪流來敲出拍子，並依序傳遞【𝅗𝅥.】的節拍。

貼心小叮嚀

老師分發樂器前，引導幼兒在腿上拍出【𝅗𝅥.】的節拍，感受三拍的時值。

❸ 老師唱歌曲（見附錄；幼兒課本 p.25），請幼兒幫老師伴奏（拍出【𝅗𝅥.】的節拍）。

❹ 發給幼兒碰鐘、指鈸，老師帶領幼兒唱歌曲，並以樂器來伴奏。

貼心小叮嚀

✿老師可以將樂曲轉調成適合幼兒的音域來唱誦。

✿提醒幼兒，這是唱給親愛的媽媽聽的歌曲，所以要唱出柔柔美美的聲音，表現出像媽媽那樣溫暖的心。

材料 1

活動二／天上的小珍珠——「媽媽的禮物」

❶ 老師發給幼兒一條彈性線（長約 40 公分，見需要的教材教具）與衣夾。

製作過程（一）

❷ 將衣夾夾住彈性線尾端，以防小珍珠掉出。

❸ 發給幼兒紙杯或紙盒，內放約 30～40 顆彩色小珍珠（見需要的教材教具）。

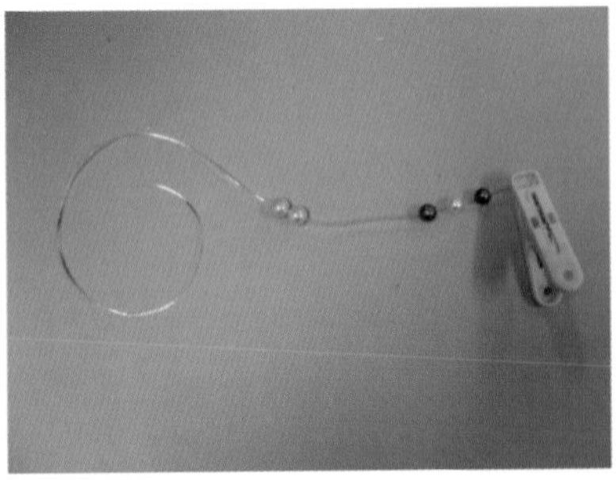
製作過程（二）

❹ 請幼兒與老師一起唱歌，並將小珍珠隨著每一個樂句慢慢的將它穿過彈性線，反覆歌曲，直到將所有的小珍珠串成一條項鍊。

貼心小叮嚀

老師將珍珠放於紙杯或紙盒中再發給幼兒，提醒幼兒注意安全，千萬不要將小珍珠放於口中或耳朵及身上任何一個地方，因為這是我們將送給最親愛的媽媽的小禮物。

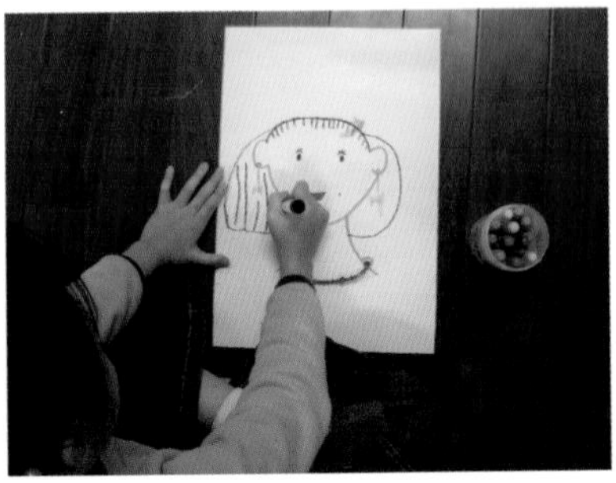
我的媽媽（一）

❺ 將穿好的珍珠項鍊小心放於紙杯或紙盒中。

活動三／藝術創作——「天上的小珍珠」

我的媽媽（二）

❶ 幼兒翻開課本（p.47），將媽媽畫像的卡片拆下，老師與幼兒們討論媽媽的樣子後，發給幼兒彩色筆，請幼兒將媽媽的樣子畫下來（包含頭髮、眼睛、耳朵、衣服……）。

❷ 畫好後請幼兒將卡片中媽媽畫像脖子旁的兩個小洞去除，然後細心的拿出穿好的珍珠項鍊，為卡片中媽媽的畫像戴上項鍊。

❸ 老師請幼兒細心的拿下項鍊尾端的衣夾，小項鍊的兩端穿於畫像頸旁兩孔後方，在後面打結，即可成為項鍊。

作品——我的媽媽

結束活動

❶ 請幼兒們互相欣賞自己的創作，與大家分享自己的圖畫及媽媽的造型。

❷ 將圖片拿回家送給媽媽（可幫幼兒準備大信封袋裝卡片），提醒幼兒送給媽媽時要唱歌。

延伸活動：

器樂合奏

＊器樂合奏

老師可以利用旋律類樂器及無調類的樂器進行簡易的合奏。

範例如下：

a.碰鐘／指鈸：【𝅗𝅥. ⁀ 𝅗𝅥. ⁀】

b.鐘　　　琴：【𝅗𝅥.（左手：D音）𝅗𝅥.（左手：A音 與 右手：高音D兩音同時敲奏）】

貼心小叮嚀

✿樂曲轉調後，請記得改變鐘琴的旋律伴奏型態。

✿旋律類樂器可將不敲奏的鍵拆除，以便幼兒敲奏。

需要的教材教具：

❶ 彈性線數條（手工藝品店可購得）。

❷ 彩色珍珠數顆（依幼兒人數）。

❸ 衣夾數個。

❹ 小紙杯或紙盒。

❺ 彩色筆數盒。

❻ 樂器：碰鐘、三角鐵、指鈸、鐘琴……。

天上的小珍珠

曲：Joan Hansen

曲詞改編：吳幸如

A d小調
天 上 美 麗 的 星——星，
閃 閃 亮 著 光 明，
B
把 它 穿 成 小 珠 鍊，
送 給 親 愛 的 媽 媽，
A'
啦 啦 啦 啦 啦 啦 啦 啦，
啦 啦 啦 啦 啦 啦 啦 啦 啦。

單元 13

鴕鳥的家

活動目標：

❶ 認識高音 C【Do】與高音譜記號【𝄞】。
❷ 複習五線譜（五線四間）。
❸ 培養幼兒肢體的反應能力與平衡感。
❹ 提升幼兒器樂合奏的能力。

設計理念：

藉由「鴕鳥遊戲」，讓幼兒學習高音 C【Do】的音名、唱名與高音譜記號【𝄞】。從舞蹈與器樂合奏中培養幼兒的節奏感與音樂性，發展與同儕間的合作與互動。

＊注意事項：本單元可依幼兒能力分 2～3 次來進行。

鴕鳥家族（一）

鴕鳥家族（二）

活動過程：

引起動機

❶ 老師以《我的野生動物朋友》書籍（見需要的教材教具）中的照片或布偶來介紹駝鳥的型態與特徵（駝鳥有兩隻長長的腿與粗大的腳趾，駝鳥蛋是目前最大的蛋……）。

駝鳥照片（一）

駝鳥照片（二）

❷ 告訴幼兒有一隻小駝鳥長得相當可愛與俏皮，常常用一隻腳站立以顯示自己的與眾不同（見幼兒課本 p.26）。

❸ 老師示範動作，請幼兒學學一隻腳站立的小駝鳥。

駝鳥

我是一隻小駝鳥

活動一／肢體模仿——我是一隻小駝鳥

❶ 老師用手鼓敲出節奏組合（如：♩♩♩♩ 或 ♫♩♫♩……等），請幼兒於教室中走出節奏。

❷ 當老師停止敲奏時，幼兒亦停止走動，並學小鴕鳥一隻腳站立的姿勢。

活動二／鴕鳥的家（複習五線四間）——認識高音譜記號【𝄞】

高音譜記號

❶ 老師在地上排出五條線（可利用膠帶貼住前、後端）。

❷ 老師再利用一條童軍繩排出高音譜記號【𝄞】，告訴孩子這是鴕鳥蓋的家，所以門口掛著鴕鳥的門牌（圖形）【高音譜記號𝄞】。

❸ 複習五線譜：再請幼兒數一數共有幾層樓（5 條線）？幾個房間（4 間）？

貼心小叮嚀

老師可以指定線、間位置（如第 2 線、第 4 間……），徵求幾位幼兒走到正確的線與間的位置，並給予獎勵（小貼紙或小獎勵卡）。

❹ 老師拿出一張圓形白卡片（背面寫上音名 C），放在第 3 間，告訴幼兒這是鴕鳥蛋，鴕鳥媽媽將蛋放在第 3 間房間，為了使鴕鳥寶寶早一些孵化，鴕鳥媽媽每天都會溫柔的摸一摸牠、輕輕的敲一敲，唱著【♫（Do Do）♩（Do）♫（Do Do）♩（Do）】，希望鴕鳥寶寶以後是個音樂家。

❺ 老師將第 3 間的圓形白卡片翻面（呈現音名 C），告訴幼兒，當鴕鳥寶寶出生後，果然會唱【♫（Do Do）♩（Do）♫（Do Do）♩（Do）】，於是鴕鳥媽媽將它取名：【C】寶寶，以後就住在第 3 間。

手勢符號圖卡（一）

手勢符號圖卡（二）

貼心小叮嚀

老師可以複習曾經教過的音（如：A、E、G、D……等）與在五線譜中的位置，擬人化的告訴幼兒，駝鳥寶寶其他哥哥、姊姊們的名字（音名）與叫聲（音高／唱名），駝鳥媽媽將會為可愛寶寶們組一個小型的樂隊與合唱團！

活動三／高音 C（Do）的位置與手勢符號【 C】

1. 複習曾經教過的音名與五線譜中的位置，及高大宜手勢符號。
2. 告知幼兒高音C（Do）的位置與手勢符號【 】，請幼兒與老師一起唱出音高，比出手勢符號【 】。
3. 發給幼兒每人一張音名卡（包含曾經教過的音名，如G、E、A、D）。
4. 老師利用鐘琴或鋼琴彈奏出音高，請幼兒將手中的音名卡排在正確的位置。

手勢符號

鴕鳥舞

活動四／歌曲與舞蹈——「鴕鳥慢慢走啊！」

❶ 老師先利用肢體節奏【♩(拍左膝)♩(拍右膝)♩(拍左膝)♩(拍右膝)】伴奏，教唱歌曲（見附錄；幼兒課本 p.27）。

❷ 老師播放音樂，並帶領幼兒一起跳鴕鳥舞。

＊舞序

前奏：肢體跟著節奏韻律作準備。

A 段：1～3 小節——學鴕鳥的動作，走一拍停一拍【♩𝄽♩𝄽】（個人單獨做走、停的動作）；第 4 小節——找一位同伴，臉看同方向，左、右臉頰（同方向）互碰，並將同方向的手互握，往前伸直，另一手互相抱住腰部。

B 段（反覆 3 次）：5～8 小節——兩隻鴕鳥寶寶的臉頰（見下頁圖）互碰，隨著樂曲的漸快速度加快步伐，走出【♩♩♩𝄽】的節奏，最後一次反覆時，於第 8 小節停止走動，兩位幼兒各自分開，回復「A 段」鴕鳥走、停【♩𝄽♩𝄽】的動作（＊全曲共反覆 3 次）。

動作示範（一）

動作示範（二）

動作示範（三）

貼心小叮嚀

✿當駝鳥寶寶（幼兒扮演）的臉頰互碰時，老師需提醒幼兒注意走路的動作與方向（駝鳥寶寶的臉頰與手臂可以 4 小節換一次方向，由老師敲奏三角鐵【𝅝～～～～】利用音效來指示）。

✿B 段部分老師以手鼓敲奏【♩ ♩ ♩ 𝄽】的節奏引領幼兒走出步伐，並在最後一次反覆時的第 8 小節敲奏三角鐵四拍【𝅝～～～～】，提醒幼兒各自分開，為「A 段」駝鳥的動作準備。

結束活動

紙上作業：請幼兒翻開課本（p.28），找出高音 C（Do），並練習寫高音譜記號。

延伸活動：

＊器樂合奏

A段：

a.響棒：【𝄽 𝄽 ♫ ♩】或【𝄽 ♫ 𝄽 ♫】

b.鈴鼓：【𝅗𝅥～～ 𝅗𝅥～～】或【𝅝～～～～】

c.中音木琴：【𝄽 𝄽 ♫（高音C：Do Do）♩（高音C：Do）】

＊（雙手輪流敲奏高音C）

d.低音木琴：【♩（左手：低音C）♩（右手：中央C）♩（低音C）♩（中央C）】

＊（雙手分別敲低音C與中央C）

B段：

a.中音木琴：【♩（中央C：Do）♩（高音C：Do）♩（中央C：Do）♩（高音C：Do）】

＊（雙手分別敲中央C與高音C）

b.低音木琴：【♩（雙手齊敲低音C與中央C） 𝄽 ♩（雙手齊敲下）低音C與中央C）𝄽】

或

a.鈴鼓：【𝅗𝅥～～ ♩ ♩】

b.響棒：【♩ 𝄽 ♩ 𝄽】

c.大鼓：【♩ ♩ ♩ 𝄽】

器樂合奏

貼心小叮嚀

✿老師可以請幼兒將旋律類樂器（如：木琴、鐘琴）不需要的敲擊鍵移除，以方便敲奏。

✿請老師依幼兒的能力，改變合奏的方式與節奏型態。

需要的教材教具：

❶ 鴕鳥布偶、圖片。

❷ 參考書籍：蒂皮・德格雷（2002）。《我的野生動物朋友》。***坐在鴕鳥背上真開心***，p.044～045。台北：如何出版。

❸ CD 音響。

❹ 音樂 CD：「兒童舞蹈嘉年華」（4415），***十字舞（Kreuztanz）***，第 3 首。台北：上聿文化。

❺ 樂器：低音木琴、中音木琴、鈴鼓、響棒、手鼓、三角鐵、鐘琴、鋼琴。

附錄：樂譜

鴕鳥慢慢走啊

波蘭歌曲
詞：吳幸如

（慢）
鴕鳥慢慢走呀，鴕鳥慢慢走！鴕鳥慢慢走呀，鴕鳥慢慢走！
（快）
小心跑呀不要跌倒，小心跑呀不要跌倒，小心跑呀不要跌倒，快快到家了！

單元 14

紙與袋的歌唱

活動目標：

❶ 增進幼兒的創意思考與問題解決能力。
❷ 加強幼兒的肢體動作靈敏度與節奏即興能力。
❸ 增進幼兒對圖形與顏色的辨識力與聲音探索能力。
❹ 讓幼兒從有趣的活動中創作出不同的音樂作品。

設計理念：

生活中存在著各種不同的聲音，但若不特別留意，是無法發現這些聲音其實可以成為美妙的樂音。本單元利用生活中最常見的紙張、紙板和塑膠袋，運用不同的方法來製造聲音，探索這些物品發出的不同音效，將聲音組合成為規律的節奏，展現出不同的創意與風貌，從有趣的音樂活動中，提升幼兒的節奏與問題解決能力，並利用想像力創作出不同的音樂作品。

＊注意事項：本單元可依幼兒時間分 2～3 次進行。

活動過程：

引起動機

❶ 複習高音 C【Do】與高音譜記號【𝄞】與鴕鳥舞蹈（CD 見需要的教材教具）。

❷ 老師向幼兒介紹各種不同的紙、袋子、紙板和塑膠袋……。讓幼兒聽聽看它們是不是經由搓、揉、拍、打……會出現不同的聲音。

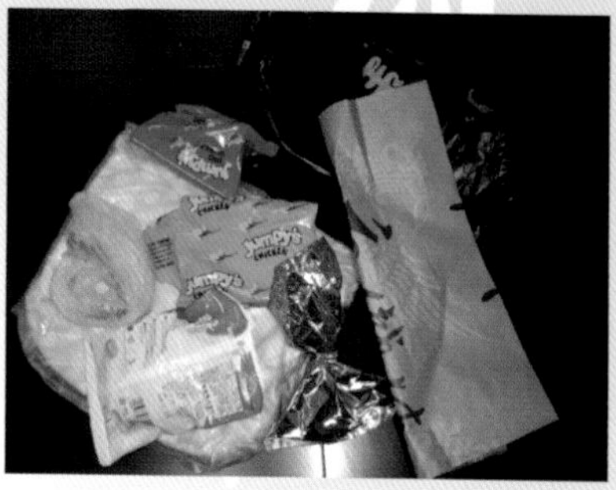

材料

活動一／聲音探索遊戲

❶ 讓幼兒自由選擇不同的紙、袋子、紙板和塑膠袋……。

手鼓

❷ 運用不同的方法來製造音效，探索這些物品所發出的聲音，請幼兒與大家分享自己所探究出的音效。

❸ 老師利用手鼓或平面鼓敲出節奏【♩ 𝄽 ♩ 𝄽】或【♫ ♩ ♫ ♩】……等，幼兒以手中的紙、袋子、紙板和塑膠袋……來模仿（copy）節奏。

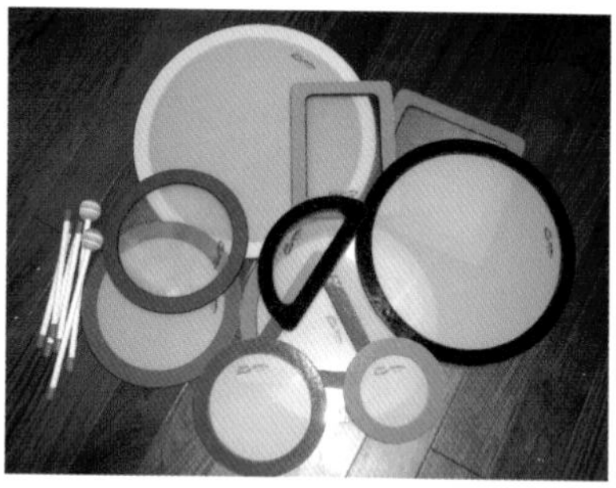

平面鼓

貼心小叮嚀

老師亦可鼓勵或徵求幼兒來當帶領者。例如，選一位幼兒利用紙袋製造出節奏音效，其他幼兒以手上的物品模仿他的節奏。

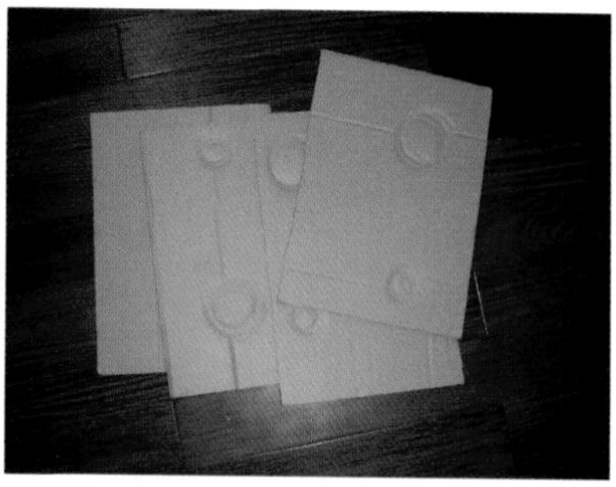

紙板鼓材料

活動二／即興敲奏（迴旋曲式 Rondo Form）

❶ 老師介紹不同形狀、大小、顏色的自製紙板鼓（如三角形、圓形、方形、長方形、心型……）。

貼心小叮嚀

老師可以將紙板鼓邊緣（周邊）貼上顏色膠帶，或紙板鼓中心點貼上色紙（或上色），以區分紙板鼓的色系。

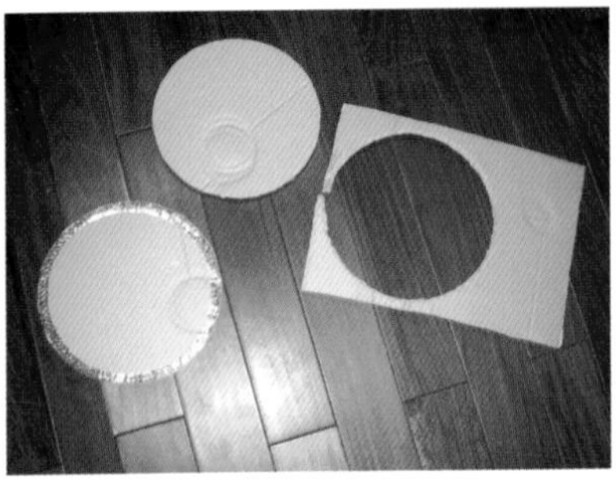

製作過程

❷ 請幼兒選擇自己喜歡的樣式，並說出手中紙板鼓的形狀及顏色。

❸ 發給幼兒敲擊棒（高低木魚用），請幼兒試試敲擊聲音是否相同，當老師吹口哨【𝅗𝅥～～～～～ ♩ 𝄽 】時，全體幼兒必須停止敲奏。

紙板鼓

貼心小叮嚀

老師可利用哨子或牛鈴發出聲音來指示，讓幼兒了解什麼時候全體一起「停止」（ending）或「開始」（going）敲奏。

❹ 同活動一，老師利用手鼓敲出節奏【♩ ♩ 𝅗𝅥 】或【♩ ♩ ♫ ♩ 】……等，幼兒以手中的自製紙板鼓來模仿（copy）敲出節奏。

❺ 老師帶領幼兒進行迴旋曲式（rondo form）的即興敲奏。

範例：

A：老師利用手鼓敲出節奏，幼兒以手中的自製紙板鼓來模仿（copy）敲出節奏。

B：老師指定不同形狀／顏色（如，半圓形）的紙板鼓來即興敲奏（約 16 拍），老師以哨子吹出【𝅗𝅥～～～～～ ♩ 𝄽 】節奏，即興組幼兒必須停止敲奏。

A：同上 A。

C：老師指定不同形狀／顏色（如，黃色）的紙板鼓來即興敲奏（約 16 拍），老師以哨子吹出【 】節奏，即興組幼兒必須停止敲奏。

A：同上 A。

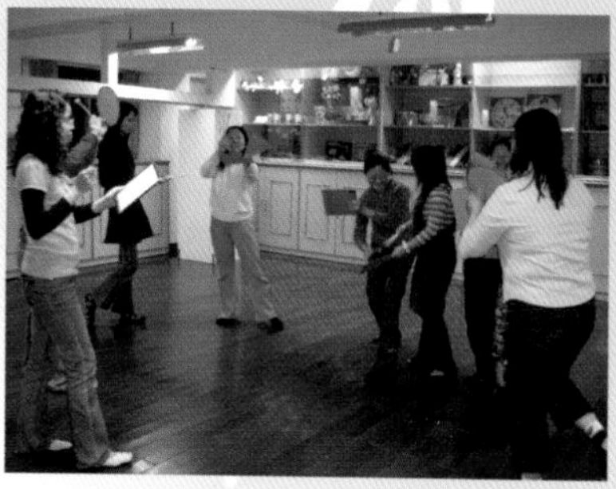

即興敲奏（一）

D：老師指定不同形狀／顏色（如，三角形）的紙板鼓來即興敲奏（約 16 拍），老師以哨子吹出【 】節奏，即興組幼兒必須停止敲奏。

A：同上 A。

即興敲奏（二）

E：老師指定不同形狀／顏色（如，長方形）的紙板鼓來即興敲奏（約 16 拍），老師以哨子吹出【 】節奏，即興組幼兒必須停止敲奏。

Coda：全體幼兒與老師一起即興敲奏，直到老師吹出口哨後一起停止。

貼心小叮嚀

老師可以發給幼兒不同的紙張與袋子，請幼兒即興加入聲音（節奏），彼此互動來進行合奏，增加豐富的音色與戲劇性。

結束活動

紙上作業：音響圖形

❶ 老師選出 4 種不同的紙張或袋子使其發出聲音。

❷ 請幼兒翻開課本（p.29～30），把聽到的音響以圖形畫在課本裡。

延伸活動：

＊紙與袋的合奏

利用紙板鼓與紙類、袋子……等克難樂器來伴奏兒歌——「鴕鳥慢慢走啊！」。

需要的教材教具：

❶ CD 音響。

❷ 音樂 CD：「兒童舞蹈嘉年華」（4415），*十字舞（Kreuztanz）*，第 3 首。台北：上聿文化。

❸ 各種不同的紙、袋子、紙板和塑膠袋……。

❹ 樂器：哨子、牛鈴、敲擊棒數支（如：高低木魚用的木棒）。

❺ 自製樂器：不同形狀／顏色的紙板鼓數個。

❻ 樂器：手鼓、平面鼓。

筆記欄

單元15

粽子節

活動目標：

❶ 了解端午節的由來及應景食物。
❷ 藉由歌曲合奏來增進幼兒的節奏感。
❸ 促進幼兒小肌肉的發展與手眼協調能力。
❹ 利用不同的素材增進幼兒的藝術創作力。

設計理念：

本單元讓幼兒了解端午節的由來及應景食物，從藝術創作——「捏粽子」的活動中讓幼兒動手捏製不同的粽子，提供不同的素材增進幼兒藝術創作能力，創造心目中各種型態的粽子。並由歌曲合奏中增進幼兒的節奏感，促進幼兒小肌肉的發展與手眼協調能力。

＊注意事項：本單元可依幼兒時間分 2 次進行。

活動過程：

引起動機

❶ 準備粽子、香包、菖蒲、艾草……等端午節應景物品。

粽子

❷ 粽子的由來：老師講解端午節的由來及屈原的故事（見參考書籍或參閱中班第 14 單元「划龍舟」），告訴幼兒粽子的由來，並請幼兒觀察粽子的形狀（見幼兒課本 p.31）。

彩色黏土粽（一）

彩色黏土粽（二）

貼心小叮嚀

端午節又稱為「端陽節」、「天中節」與「詩人節」，是中國古老的節日，經過魏晉南北朝時紀念愛國詩人屈原的故事而廣為流傳，許多傳統家庭在這一天會於門前掛上艾草、菖蒲驅邪，並為家裡的幼童佩帶香包保平安……。

活動一／藝術創作——捏粽子

❶ 老師用麵粉加上水，搓成麵糰狀（或彩色紙黏土）。

❷ 老師將搓好的麵粉糰分發給幼兒，讓幼兒自由創作，捏塑出自己喜愛的粽子造型。

❸ 利用亮片與小珠珠來裝飾粽子〔直接壓貼於做好的麵粉糰（粽子）上〕。

貼心小叮嚀

老師亦可到材料行購買小眼睛珠珠，每位幼兒發給一對，請幼兒將粽子（麵粉糰）捏塑成擬人化。

活動二／童韻——「肉粽節」

❶ 老師引導幼兒唸誦童韻——「肉粽節」（見附錄；幼兒課本 p.32），並加入肢體節奏。

範例：a.【♩（拍手）♩（拍手）♩（雙手拍膝）♩（雙手做彈指狀）】

b.【♩（拍手）♩（拍手）♩（左手拍左膝）♩（右手拍右膝）】

❷ 以卡農或輪唱的方式帶領幼兒唱歌曲。

活動三／器樂合奏

❶ 老師將幼兒分組後發給樂器，依序引導節奏的敲擊。

器樂合奏

❷ 帶領幼兒進行器樂合奏。

範例：

a.高低木魚：【♩（左）♫（右）♩（左）♫（右）】

b.三角鐵或碰鐘：【𝄽 𝄽 𝅗𝅥 】

c.中音木琴：【♩（左手：中央C音）♫（右手：F音）♩（左手：中央C音）♩（右手：高音C音）】

（此曲為 F 大調）

結束活動

紙上作業：老師利用相機幫幼兒拍下創作「粽子」的過程，或進行器樂合奏的團體照，於下週將照片發給幼兒貼在課本（p.34）上。

需要的教材教具：

❶ CD 音響。

❷ 音樂 CD：林心智（2004）。「囝仔詩系列——台灣節日童謠」，*肉粽節*，第 10 首。台南：開朗雜誌事業有限公司。

❸ 參考書籍：林心智（2004）。《囝仔詩系列——台灣節日童謠》，***肉粽節***，p.24。台南：開朗雜誌事業有限公司。

❹ 建議參考書籍：

⑴作者／改編：荊其柱，繪圖：秦龍。《節日故事》，***端午節的故事***。台北：東華出版。

⑵《台灣知識系列5——節日的故事》，***粽葉飄香過端午***，p.72～77。台北：幼福文化。

⑶《中國節日的由來》。台南：世一文化。

⑷鄭金明（2006）。《世界節日的故事》，***端午節***，p.151～157。台中：好讀出版。

⑸繪本：《中國民俗節日故事》，***6 流浪詩人（端午）；7 白蛇傳奇（端午）；8 鍾魁抓鬼（端午）；9 投江尋父（端午）***。台北：國語日報出版，代理：台中元生圖書。

❺ 材料：麵粉、麵糰，或彩色黏土。

❻ 亮片、彩色小珠珠。

附錄：樂曲

肉粽節

詞曲：林心智

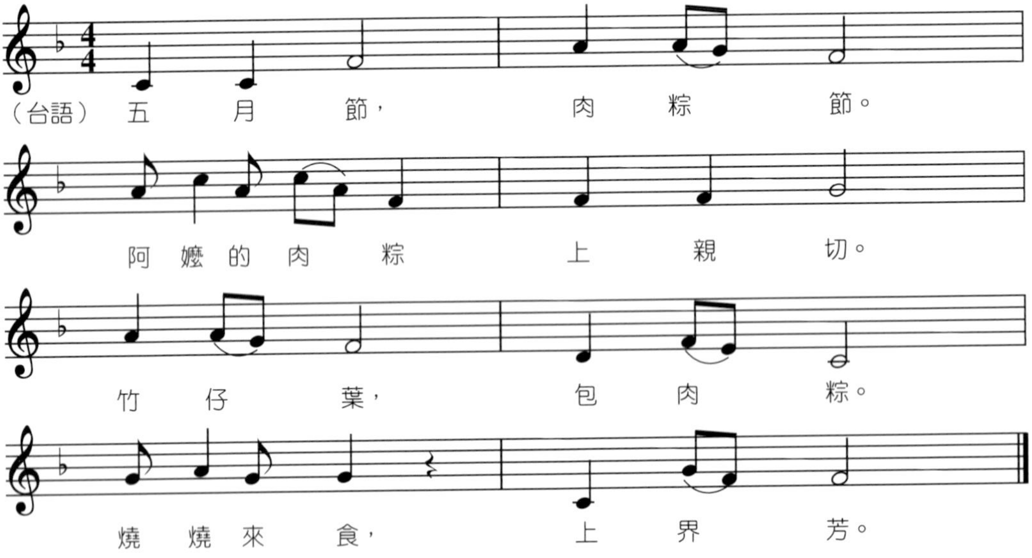
（台語）五 月 節，肉 粽 節。
阿 嬤 的 肉 粽 上 親 切。
竹 仔 葉，包 肉 粽。
燒 燒 來 食，上 界 芳。

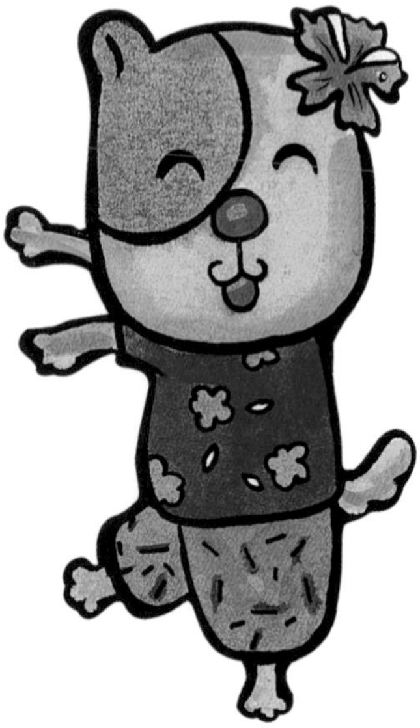

筆記欄

單元 16

美麗的傳說：白蛇傳

活動目標：

❶ 認識歌仔戲的原由、曲風、表演方式。
❷ 介紹中國民間傳說——「白蛇傳」的故事。
❸ 激發幼兒的想像力及模仿力。
❹ 提升幼兒的動作協調性與創造性。

設計理念：

「歌仔戲」百年來有著活潑多元的的角色，它展現的不只是曲調，更是台灣傳統情感的印記，陪伴著不同世代人們的歡笑、哀傷與喜樂，每逢神明生日或寺廟作醮大典時，常會請歌仔戲班來表演一齣舞台戲，以酬謝神明、祈福許願，此時歌仔戲成了人神情感溝通的管道。目前歌仔戲不止擔負宗教祭典儀式功能，角色精彩的身段與演出受到外國的注意，已登上了國際舞台。本單元希望透過民間故事——「白蛇傳」，引領幼兒了解歌仔戲發展的原由、曲風和表演方式，並感受劇中白蛇與許仙動人的愛情故事。

＊注意事項：本單元可依幼兒能力分 2～3 次進行。

古代傳統用品與飾物（一）

古代傳統用品與飾物（二）

古代傳統用品與飾物（三）

古代傳統用品與飾物（四）

活動過程：

引起動機

白蛇傳的故事：老師以白蛇傳的故事圖片或書籍（見參考書籍），向幼兒述說「民間傳說——白蛇傳」的故事（見幼兒課本 p.34）。

扇子

活動一／認識古代傳統文物

❶ 老師利用一些實物或圖片讓幼兒了解古代傳統用品與飾物，並介紹歌仔戲中常會出現的扇子與紙傘……。

❷ 利用繪本向幼兒介紹「白蛇傳」的劇中人物（見參考書籍）。

紙傘

活動二／影片欣賞（DVD）——「白蛇傳之西湖借傘」

老師播放明華園的「白蛇傳之西湖借傘」影片讓幼兒欣賞，引導幼兒觀察表演者的服飾、肢體動作，請幼兒專心聆聽「歌仔戲」傳統樂曲的曲調。

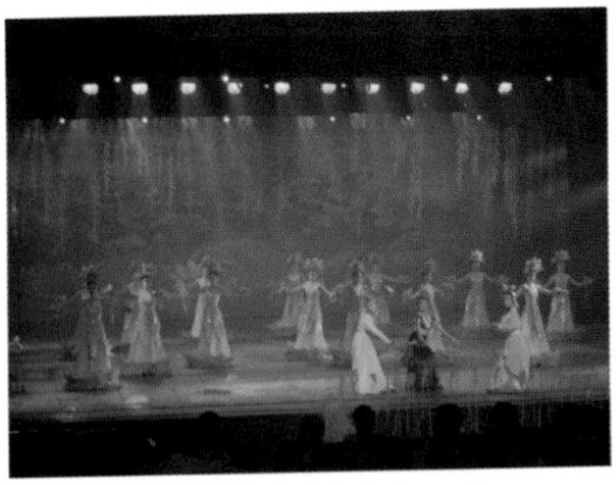

場景——白娘娘與小青

貼心小叮嚀

✿「白蛇傳之西湖借傘」由知名劇團「明華園戲劇團」擔綱演出，劇中之佈景、道具、服飾華麗，融合了川劇變臉的驚奇場面（第二場景），老師可以請幼兒仔細觀賞劇中人物精采的動作（變臉）與舞姿（蛇舞）。

✿由於內容都以閩南語發音及七字調為主軸，老師播放影片的同時，可以向幼兒解說內容及大意。

場景——天庭

活動三／大家來演歌仔戲——「小青與白娘娘」

❶ 老師和幼兒討論在歌仔戲中第二段精采的蛇舞與變臉戲法。

❷ 請幼兒來模仿小青與白娘娘的舞姿。

❸ 老師準備長條型衛生紙（捲筒式）或長條絲巾當水袖。

❹ 請幼兒將長條型衛生紙撕出適合自己身長的長度並掛於肩上。

❺ 老師播放「白蛇傳之西湖借傘」之第二段場景之音樂，帶領幼兒跟著一起舞動，雙手揮動水袖（長條型衛生紙）。

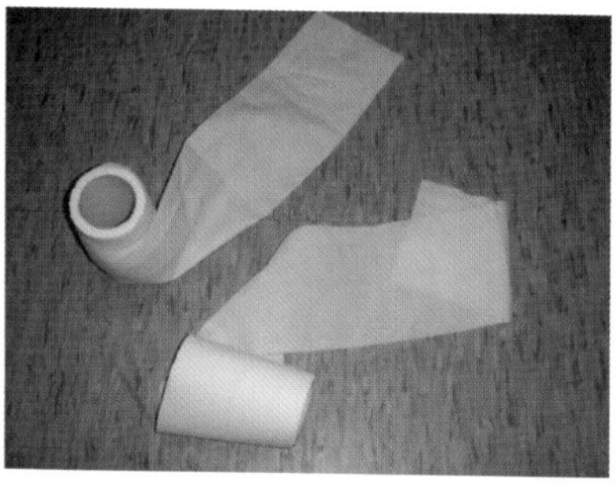

道具——捲筒式衛生紙

道具——扇子

道具——紙傘

道具——紙扇

貼心小叮嚀

✿帶領幼兒進行創造性肢體律動時，可以再播放一次戲中第二段精采的蛇舞與變臉戲法，增加印象。

✿當老師帶領幼兒律動時，提醒幼兒姿態的變化：如高、中、低水平姿勢、旋轉、跳躍、翻滾、扭轉……等等，提升幼兒動作的協調性與創造性。

結束活動／藝術創作：沙畫——彩色的中國傘

紙上作業：老師分給幼兒白膠與不同顏色的彩色沙（見需要的教材教具），請幼兒翻開課本（p.35），為圖中的傘黏上彩色的沙，形成一張沙畫。

需要的教材教具：

❶ 參考書籍：

⑴《民間藝術綜合論壇文集》（2005）。***民間藝術保存傳習計畫綜合論壇——界線的穿透***。台北：國立傳統藝術中心。

⑵蔡欣欣著（2005）。《台灣歌仔戲史論與驗出評述》。台北：里仁書局。

❷ 繪本：《中國民俗節日故事》，***7白蛇傳奇（端午）***。台北：國語日報出版，代理：台中元生圖書。

❸ DVD 影音器材。

❹ DVD：演出：明華園戲劇團。***白蛇傳之西湖借傘***。台北：時報出版／發行。

❺ 古代傳統文物照片與實物，如：繡花鞋、虎鞋、扇子、頭飾……。

❻ 白膠、彩色沙子（美術用品社可購得）。

❼ 長條衛生紙（數量視幼兒人數）。

附錄：歌仔戲的源流與發展

發源宜蘭的歌仔戲至今約有一百多年的歷史，是台灣土生土長的戲曲，剛開始歌仔戲的表演場地多在廟口或大樹下，每逢神明生日或寺廟作醮大典時，常會請戲班來表演一齣舞台戲，以酬謝神明、祈福許願。歌仔戲因唱詞與唸白皆使用閩南語，音樂曲調與故事情節亦是人們所熟悉的，因此很快地便得到大家的歡迎，於是產生了職業性質的戲班子。

歌仔戲表演形式及內容，結合歌、舞與故事劇情來演出，音樂包含唱調和串仔曲兩個部分，以「七字調」和「都馬調」做為主軸，再配上其他民謠、流行歌改編的歌仔調等等，形成自己的音樂體系。在舞台上更是講究優美的唱腔及身段，演出又多為歷代忠孝節義故事，因此傳統歌仔戲的發揚對於紮根民族文化，潛移默化之功效是不容我們忽視的。

目前歌仔戲不止擔負宗教祭典儀式功能，劇中角色精彩的身段與演出亦深具藝術之美，深受大眾肯定，目前已登上了國際舞台，為台灣本土的歌劇打出了知名度。

歌仔戲

廟會活動

歌仔戲——扮仙

單元17

七夕銀河

活動目標：

❶ 介紹民間傳奇——「牛郎與織女」的故事。
❷ 培養幼兒動作協調性與肢體創作能力。
❸ 由動作的探索中引發幼兒的想像力。
❹ 從合奏中增進幼兒節奏能力與專注力。

設計理念：

本單元透過活動介紹民間傳奇——「牛郎與織女」的故事，利用毛線的特性，透過肢體靈活、流暢的動作，帶動毛線的延伸，讓幼兒穿梭在編織的空間裡，創作出美麗的銀河與星星，表現出豐富的幾何圖形，享受肢體在空間穿梭的樂趣。

＊注意事項：本單元可依幼兒時間分 2 次進行。

活動過程：

引起動機

老師拿出星象表、星座盤或是星座圖片，讓幼兒觀察各星象的位置及形狀。

牛郎與織女的故事

織女的家——天庭

活動一／中國民間傳奇故事——「牛郎與織女」

牛郎與織女

老師利用繪本向幼兒介紹「牛郎與織女」的劇中人物（見幼兒課本p.36）與故事情節（見參考書籍與附錄二）。

活動二／肢體穿梭遊戲——美麗的銀河

毛線網

❶ 老師在教室擺上數張小椅子。

❷ 發給幼兒每人一綑毛線，請幼兒將毛線頭分別綁在教室任何一張椅子上。

❸ 老師播放音樂〔見需要的教材教具：音樂CD(1)〕，請幼兒手上拿著毛線穿繞在各個椅子的間距（椅子與椅子的間距），形成一張毛線網。

❹ 與幼兒一起欣賞所有毛線構成的銀河，老師引導幼兒找出交織的毛線中所構成的形狀，如三角形、正方形、長方形、菱形……等。

❺ 發給每位幼兒 10 條不同顏色的金蔥魔帶（約 10 公分長），帶領幼兒，或坐或躺，在毛線網上編織小星星，成為美麗的銀河（星河）。

彩色金蔥魔帶

編織小星星

美麗的銀河

活動三／兒歌——「七月七」（器樂合奏）

教唱兒歌「七月七」（見需要的教材教具：音樂 CD(2)；附錄；幼兒課本 p.38），利用肢體節奏來伴奏（ostinato）。

範例：

a.【𝅗𝅥.（雙手齊拍大腿） | 𝅗𝅥.（拍手）】

b.【♩（左腿）♩（右腿）♩（右腿） | ♩（左腿）♩（右腿）♩（右腿）】

加入鐘琴伴奏：【𝅗𝅥.（左手：中央 C 音；右手：高音 C 音）雙手齊敲 | 𝅗𝅥.（右手：中央 G 音）】

結束活動

紙上作業：請幼兒翻開課本（p.37），老師把加了銀粉的膠水分發給幼兒，請幼兒用毛筆沾銀粉，在課本的銀河上加上銀粉。

需要的教材教具：

❶ 星座盤或星座圖片。

❷ 參考書籍：《台灣知識系列 5——節日的故事》，*牛郎織女鵲橋會*，p.79～85。台北：幼福文化。

❸ 繪本：《中國民俗節日故事》，*11 巧姑娘的鵲橋（七夕）；23 牛郎織女*。台北：國語日報出版，代理：台中元生圖書。

❹ 參考書籍：

⑴林心智（2004）。《囝仔詩系列——台灣節日童謠》，*七月七*，p.26。台南：開朗雜誌事業有限公司。

⑵鄭金明（2006）。《世界節日的故事》。*七夕情人節*，p.198～203。台中：好讀出版。

❺ 音樂 CD：

⑴ 2002 樂團「星空下的神話」。*銀河*（***River of Star***），第 1 首。台北：金格唱片。

⑵林心智（2004）。「囝仔詩系列——台灣節日童謠」。*七月七*，第 11 首。台南：開朗雜誌事業有限公司。

❻ 彩色毛線數卷（數量視幼兒人數而定）。

❼ 銀粉膠水（數量視幼兒人數而定）。

❽ 毛筆（數量視幼兒人數而定）。

❾ 樂器：鐘琴（數量視幼兒人數而定）。

附錄一：歌曲

七月七

詞曲：林心智

♩=152
（台語）牛 郎 星， 織 女 星，
七 月 初 七 的 暗 暝。
佇 天 頂， 銀 河 邊，
一 年 一 擺 約 相 見。

附錄二：民間傳奇「牛郎會織女」

〈古詩十九首〉

迢迢牽牛星，皎皎河漢女，
纖纖擢素手，札札弄機杼，
終日不成章，泣涕零如雨，
河漢清且淺，相去復幾許，
盈盈一水間，默默不得語。

杜牧〈七夕〉

天階夜色涼如水，坐看牽牛織女星。

宋　秦觀〈鵲橋仙〉

「纖雲弄巧，飛星傳恨，銀漢迢迢暗渡，金風玉露一相逢，便勝卻人間無數。柔情似水，佳期如夢，忍顧鵲橋歸路。兩情若是久長時，又豈在朝朝暮暮。」

中國自魏晉南北朝開始，許多婦女流行在七夕夜晚祭拜織女與牛郎，據說織女會應驗婦女們的乞求，所以七夕在古代也稱為「女兒節」、「姑娘節」與「乞巧節」。一般人說到的七夕總有一股淒情浪漫的感覺，傳說這是牛郎與織女一年一度相會的日子。「相傳天上美麗的織女有著一雙靈巧的手，可以織出千變萬化的衣裳，牛郎則是人間窮苦人家的孩子，牛郎的勤勞感動天帝，因此天帝將織女嫁給他。從此牛郎不再辛勤耕種，織女不再織布，震怒的天帝將兩人分隔在銀河的兩邊，天帝說只要天河的水乾了，就讓他們見面。結果牛郎日夜不停的舀水，終於感動天帝，讓他們每七日見一次面，因為喜鵲錯傳訊息，將『每七日』傳成了「每七夕」見一次面，於是鵲王為贖罪，發動喜鵲們搭一座鵲橋讓牛郎、織女能夠很快見面以慰藉相思之苦……」，這就是牛郎織女鵲橋會的傳說，亦有中國情人節的美名。

單元 18

真假娃娃

活動目標：

❶ 培養幼兒對節奏的敏銳度。
❷ 促進幼兒肢體的協調性與創造力。
❸ 訓練幼兒的專注力。
❹ 培養幼兒互助合作的精神。

設計理念：

本單元活動讓幼兒藉由模仿娃娃的動作與藝術創作——「彩繪手套」，引導幼兒探索肢體的空間、造型、曲線的高低與方向，創造出個人的動作特質，體驗音樂旋律的變化及肢體力度的關連，增加自我觀察與自我了解，以團體合作的方式展現舞蹈創作。

＊注意事項：本單元可依幼兒能力分 2 次來進行。

活動過程：

引起動機

音樂娃娃

老師拿出音樂娃娃（或音樂盒），上緊發條，讓幼兒觀察音樂娃娃如何轉動她的頭部、手部，請幼兒注意娃娃的動作……，聽聽音樂是從哪裡來？

音樂盒

活動一／肢體動作模仿——音樂娃娃

❶ 老師和幼兒討論娃娃的動作，並讓幼兒模仿音樂娃娃的動作（幼兒課本 p.39）。

❷ 老師用木魚敲 8 下【♩】，幼兒學音樂娃娃走路（如同機器人般），一邊走動，同時變換身體的姿勢與動作。

❸ 當老師用三角鐵敲奏滾奏時【𝅝〰〰〰〰】，幼兒將手掌打開平放於臉頰兩側，如娃娃般自轉一圈。

鋼琴音樂盒

活動二／藝術創作——彩繪手套

❶ 老師發給幼兒白色棉布手套和彩色筆。

❷ 請幼兒在手套上畫上圖案。

❸ 畫完後將手套套在雙手上。

❹ 再次引導幼兒進行肢體動作模仿（同活動一）——音樂娃娃，利用帶著手套的雙手做出更豐富的肢體變化。

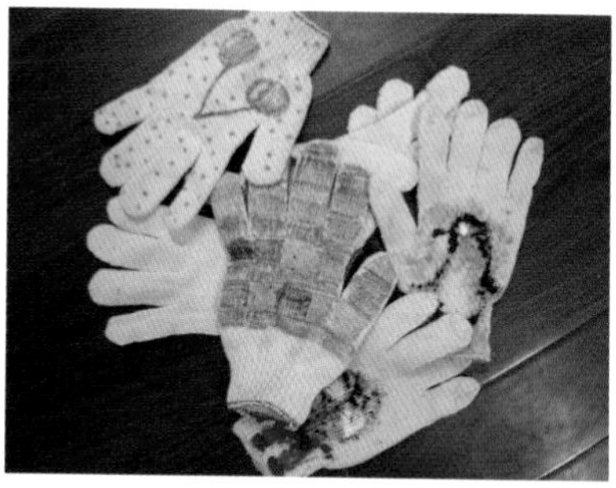

彩繪手套

貼心小叮嚀

老師用三角鐵敲奏滾奏，幼兒將手掌打開，平放於臉頰兩側自轉一圈，提醒幼兒臉部的表情可以做出誇張的變化，如作鬼臉、閉眼睛、張大嘴巴……等等。

活動三／創造性舞蹈——真假娃娃

小皇冠

❶ 請幼兒將彩繪好的手套套在手上，老師幫忙幼兒戴上小皇冠。

❷ 老師播放音樂（見需要的教材教具或由另一位老師彈奏音樂），並帶領幼兒跳舞。

範例：

前奏 1～2 小節（8 拍）：請幼兒先圍圈圈，引導幼兒跟著節奏擺動肢體。

A 段：

3～4 小節（8 拍）：老師做動作，幼兒跟著一起模仿。

5～6 小節（8 拍）：幼兒學娃娃的動作，將手掌打開，平放於臉頰兩側原地自轉一圈。

7～8 小節（8 拍）：老師做動作，幼兒模仿（旋律與 3～4 小節相同）。

9～10 小節（8 拍）：幼兒做娃娃的動作，原地自轉一圈（旋律與 5～6 小節相同）。

＊間奏：幼兒跟著節奏擺動肢體（旋律與前奏相同）。

B 段：

同 A 段的動作引導。

C 段：

請 2 位幼兒一組，由老師擬定動作，每 2 拍讓幼兒換一次動作，如：【♩（碰屁股 2 拍）♩（碰膝蓋 2 拍）】，或以手掌相互貼、臉頰互貼……等等。

創造性舞蹈——眞假娃娃（一）

創造性舞蹈——眞假娃娃（二）

D 段（16 拍）：請幼兒自己即興舞動。

＊此首樂曲為迴旋曲，相同的旋律進行一樣動作。

結束活動

老師利用相機拍下幼兒的舞姿，下週發給幼兒貼於課本中（p.40）。

延伸活動：

＊創造性舞蹈

老師利用相同的樂曲進行活動，A 段：3～4 小節（8 拍）：「老師做動作，幼兒跟著一起模仿」的部分，改為由幼兒輪流到圓圈中心點帶領動作，其他幼兒模仿，D 段部分則不更動。

需要的教材教具：

❶ 音樂娃娃或音樂盒。

❷ CD 音響。

❸ 音樂 CD：「快樂時光」（The Music Box Dancer——Happy Hour），

吹笛手（***Peter Pipier***）（ Music by Frank Mills ），第 3 首。台北：方山唱片。

❹ 樂譜：《浪漫的旋律鋼琴曲集》，***夢幻鋼琴手***（***Peter Pipier***）（ Music by Frank Mills ），p.117～120。台北：天音國際文化。

❺ 白色棉質手套（數量視幼兒人數而定）。

❻ 彩色筆數盒。

❼ 小皇冠（數量視幼兒人數而定）。

附錄一：關於音樂家法蘭克・米爾斯（Frank Mills 1942 ～）

1942 年生於加拿大，從小展現優異的音樂天分，除了鋼琴之外，法蘭克・米爾斯亦擅長演奏伸縮喇叭。1970 年代以兩首鋼琴曲而聲名大噪，一首是帶有田園風味的浪漫曲「The Poet And I」（詩人與我）， 另一首則是來自於女兒的玩具音樂盒所浮現出的靈感而譜下的可愛曲子：「Music Box Dancer」（音樂盒舞者）。本單元中介紹的「夢幻鋼琴手」（Peter Pipier）亦是法蘭克膾炙人口的一首曲子，俏皮的音符展現出童稚的活潑與朝氣。

夢幻鋼琴手
(Peter Pipier)

(Music by Frank Mills)

B 段

C段

C F G7 C F Dm7 G7sus4 G7 C
mf
simile
C F G7 C F Dm7 G7sus4 G7 C

D段

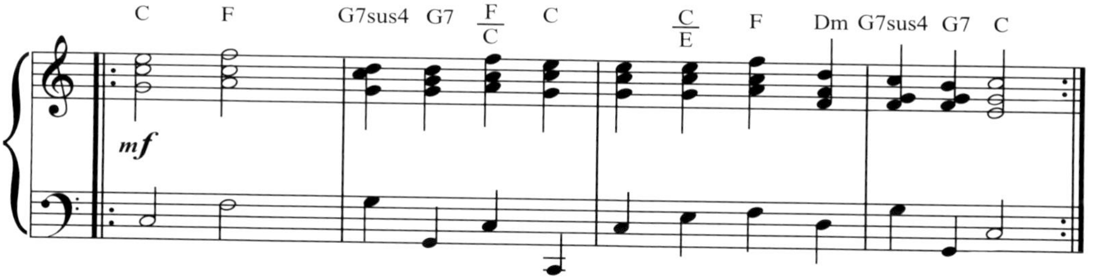
C F G7sus4 G7 F/C C C/E F Dm G7sus4 G7 C
mf

單元 19

動物狂歡節（一）

活動目標：

❶ 從音樂故事中辨識不同樂器與音色。
❷ 培養幼兒音樂欣賞能力與美感經驗。
❸ 促進幼兒間互動的關係。
❹ 激發幼兒的想像力與肢體創作力。

設計理念：

童心未泯的聖桑（Saint-Saens 1835～1921，法國），運用豐富的想像力寫下令人讚賞的一部童味逗趣的管弦樂組曲「動物狂歡節」。本組曲包括序奏，由 14 首小曲組成，將動物做為狂歡節的主角，其中包含了多位作曲家的樂曲型態。聖桑以不同的樂器模仿各種動物的特徵、動作及叫聲，唯妙唯肖的呈現在動人的樂聲中，讓人印象深刻。本單元藉由生動有趣的標題樂曲，不同樂器、音色描繪出的各種動物的特點與趣味性，帶領幼兒進入作曲家生動精彩的音樂世界！

活動過程：

引起動機

老師詢問幼兒是否見過花車遊行或元宵節燈會？當元宵節燈會時，是否看到

南瓜車花燈

動物花燈（一）

動物花燈（二）

動物花燈（三）

不同的動物造型，向幼兒講述動物狂歡節的故事（見需要的教材教具）。

活動一／音樂欣賞——「動物狂歡節」

❶ 老師播放「動物狂歡節」的音樂VCD或DVD（見需要的教材教具），讓幼兒欣賞、聆聽每一種動物出現時搭配的音樂。

❷ 老師在白板張貼上所有的主角動物的圖片，播放「動物狂歡節」的音樂（見需要的教材教具）讓幼兒聆聽，請幼兒試著指出該音樂出現時所代表的「動物」。

肢體動作模仿（一）

肢體動作模仿（二）

肢體動作模仿（三）

活動二／肢體模仿——看看誰來了

❶ 老師和幼兒討論每一種動物的特色，將「動物狂歡節」中的動物圖卡展示或畫在白板上，請幼兒選擇其中一隻自己喜歡的動物。

動物狂歡節

❷ 每段代表動物的音樂出現時，請選擇該動物的幼兒模仿動物的動作。

動物狂歡節——水族館

貼心小叮嚀

✿可利用圖卡綁上帶子讓幼兒戴掛於身上，明確的讓幼兒了解自己代表那一隻動物。每隻動物圖卡準備 3 張，以備幼兒重複選擇。

✿老師要適時的帶領幼兒做出動作的模仿，對於害羞不善表現的幼兒給予口頭鼓勵增加其自信。

動物圖卡與玩偶

結束活動

請幼兒翻開課本（p.41～42）欣賞動物們的可愛模樣，數數看共有幾種？

需要的教材教具：

❶ CD 音響。

❷ 音樂CD：「動物狂歡節・彼得與狼」，***動物狂歡節***，第 1 首。台北：上揚唱片。

❸ VCD ／ DVD 放影機。

❹ VCD：「彼得與狼&動物狂歡節」，***動物狂歡節***，第 21 部。台北：福茂唱片。

❺ DVD：「兒童音樂天地」，***第一集動物狂歡節***。台北：金格唱片。

❻ 畫有各種動物的大海報。

❼ 參考書籍：

⑴《世界音樂童話繪本 16》，***動物狂歡節***。台北：台灣麥克。

⑵《世界音樂童話繪本——導讀手冊》，***動物狂歡節***，p.53～57。台北：台灣麥克。

⑶泰德・利比（Ted Libbey）（1998）著。《古典 CD 鑑賞》。台北：聯經。

附錄一：關於「動物狂歡節」

聖桑（ Saint-Saens, C 1835～1921）是法國著名的作曲家、鋼琴家，於 51 歲，1886 年時以天真的童心寫下家戶欲曉的管弦樂作品「動物狂歡節」（Carnival Of The Animals）。「動物狂歡節」管弦樂作品為標題音樂（Program Music），所謂「標題音樂」是限定使用於描述特定事物的音樂，是有故事情節的音樂，從音樂家本身提供的註解或音樂、標題可以清楚的知道其中的景致及概念，如普羅柯菲夫的音樂童話故事「彼得與狼」（見幼兒中班 19、20 單元）與德布西（Debussy, C. 1862～1918 法國）描寫大自然的管弦樂作品《海》……等皆是。聖桑以十四段標題音樂來說故事，展現了驚人的音樂天分，但是他生前除了公開演過「天鵝」之外，其他樂曲都以當代音樂家（如奧芬巴哈、孟德爾頌、羅西尼……等）為戲謔對象，為避免爭端，直至聖桑逝世後隔年（1922 年 2 月 25 日）才於巴黎首演。其管弦樂作品亦包括「骷髗之舞」、「溫法爾之紡車」、「加冕進行曲」……等。

「動物狂歡節」十四段標題分別為：1.序曲與獅王的進行曲（Introduction et Marche royal du Lion）2.公雞與母雞（Poules et Cog）3.野驢（H'emiones）4.烏龜（Tortues）5.大象（L'El'ephant）6.袋鼠（Kangourous）7.水族館（Aquarium）8.騾子／長耳人（Personnages a iongues oreilles）9.林中杜鵑鳥（Le coucou au fond des bois）10.鳥（Voliere）11.鋼琴家（Pinistes）12.化石（Fossiles）13.天鵝（Le cyane）14.終曲（Finale）。此首管弦樂組曲鎖定每一種動物的特徵，唯妙唯肖、令人玩味，不但能激發幼兒的想像力與創造力，亦是一部值得親子共賞的曠世佳作。

附錄二：關於標題音樂

19 世紀後期，一種廣受歡迎的器樂作品，稱為「組曲」（suite），通常附有標題，是一系列「場景」，而不是舞曲或樂章，有的是原創音樂，或戲劇或電影配樂，甚至改編自民間舞曲、芭蕾、歌劇，這類組曲通常有標題，與標題音樂（program music）相同。

筆記欄

單元 20

動物狂歡節(二)

活動目標：

❶ 培養幼兒肢體即興創作的能力。
❷ 增進幼兒的創造思考與問題解決能力。
❸ 增進幼兒對樂器音色的感受與表達能力。
❹ 能透過既有的經驗創作更豐富的音樂作品。

設計理念：

承續上一單元，幼兒了解《動物狂歡節》管弦樂組曲的概念與架構後，利用其敏銳度與觀察力，提供不同的素材，透過既有的經驗讓幼兒充分的運用聯想力、肢體動作與樂器音色、道具，以團體合作的行為表現，鼓勵幼兒主動參與戲劇創作活動，創作屬於自己的動物狂歡節。

＊注意事項：本單元可依幼兒能力分 2～3 次來進行。

活動過程：

引起動機

❶ 老師播放上一堂「動物狂歡節」的音樂後，請幼兒說出音樂所代表的動物為何。

❷ 老師利用圖片或照片，告訴幼兒狂歡節的由來與嘉年華會的盛況（見參考書籍與附錄）。

活動一／肢體／樂器——想像力的動物狂歡節

❶ 老師請幼兒自己選一個喜歡的樂器。

❷ 請幼兒將選出的樂器敲出聲音，從其發出的音色想像成一種動物的走路或動作特徵。如：木魚敲出的聲音像雞在啄米……等等。

❸ 請每位幼兒以肢體動作配合此樂器音色做出動作。

活動二／創造性音樂戲劇——「動物狂歡節」

❶ 請幼兒表演自己所代表的動物。

❷ 老師和大家一起討論如何將這些動物串成一場創意性的「動物狂歡節」表演。如，動物出場的順序、佈景、服裝、道具的擺設……等等。

音樂戲劇——動物狂歡節（一）

音樂戲劇——動物狂歡節（二）

❸ 與幼兒討論是否要加入劇情，或樂器的敲奏，增加動物們遊行的氣氛呢？

❹ 老師將故事串連後，分段來帶領幼兒進行活動。

❺ 老師把幼兒的「動物狂歡節」表演或活動錄影下來，燒成 DVD，學期結束時送給幼兒當紀念。

結束活動

紙上作業——請幼兒翻開課本（p.43），拿出彩色筆，分別畫上自己所扮演的動物與選擇的樂器。

延伸活動：

＊壁畫

老師提供宣紙、水彩與繪畫工具，請幼兒創作一幅「動物狂歡節」壁畫，完成後將成果展示於教室或園所。

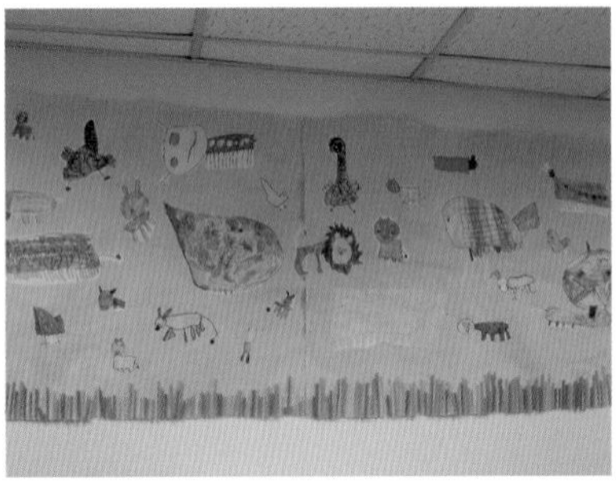

藝術創作——動物狂歡節（一）

藝術創作——動物狂歡節（二）

需要的教材教具：

❶ CD音響。

❷ 音樂CD：「動物狂歡節・彼得與狼」，***動物狂歡節***，第1首。台北：上揚唱片。

❸ 樂器：木魚、響板、三角鐵、木琴……

❹ 參考書籍：
⑴ Discovery Channel（2002）。《知性之旅》（45），***巴西***。台北：協

和國際媒體（時報出版）。

⑵鄭金明（2006）。《世界節日的故事》，*巴西里約嘉年華會*，p.40～45。台中：好讀出版。

❺ 彩色筆數盒。

附錄：「狂歡節」的由來

狂歡節是天主教國家在四旬齋（Lent）來到前一週之內所舉行的狂歡活動，因為前四、五天禁止食用肉類，於是大家準備美酒佳餚縱情狂樂歡唱，慢慢的就成為人們尋歡作樂、載歌載舞的狂歡風俗，在這段時間稱為「狂歡節」，又叫做「嘉年華會」（Carnival）。

巴西的嘉年華會舉世聞名，每年 2 月中里約日內盧（Rio de Janeiro）所舉辦的嘉年華會，節日會場有街頭表演、俱樂部舞會、炫麗的花車與熱情的森巴舞遊行隊伍。使用高科技聲光效果的遊行隊伍陣容龐大（一個隊伍甚至可達千人以上），美麗的森巴舞遊行吸引全世界的人目光，古銅色肌膚的巴西女郎，誇張的服飾與打扮最讓人津津樂道。她們身著比基尼，身上佩帶絢麗的裝飾品與各種顏色的羽毛，隨著輕快的森巴節奏，夾雜著眾人的驚嘆聲熱情的展現舞技，讓人嘆為觀止、目不暇給，這是享譽全球的巴西里約嘉年華的盛況之一。

巴西嘉年華會（一）

巴西嘉年華會（二）

巴西嘉年華會（三）

巴西嘉年華會（四）

國家圖書館出版品預行編目資料

表達性藝術幼兒音樂課程教學指導手冊／吳幸如著.
--初版. -- 臺北市：心理, 2005-2006（民 94-95）
冊； 公分.--（表達性藝術幼兒音樂課程系列；56001, 56005）

ISBN 978-957-702-844-0（上冊：精裝）--
ISBN 978-957-702-958-4（下冊：精裝）

1.音樂－教學法 2.學前教育－教學法

523.23 94020827

表達性藝術幼兒音樂課程系列 56005

表達性藝術幼兒音樂課程教學指導手冊【下冊】

作　　者：吳幸如
策　　劃：哈佛幼兒教育機構
執行編輯：陳文玲
總 編 輯：林敬堯
發 行 人：洪有義
出 版 者：心理出版社股份有限公司
地　　址：231026 新北市新店區光明街 288 號 7 樓
電　　話：(02) 29150566
傳　　真：(02) 29152928
郵撥帳號：19293172 心理出版社股份有限公司
網　　址：https://www.psy.com.tw
電子信箱：psychoco@ms15.hinet.net
排 版 者：辰皓國際出版製作有限公司
印 刷 者：辰皓國際出版製作有限公司
初版一刷：2006 年 11 月
初版四刷：2021 年 12 月
I S B N：978-957-702-958-4
定　　價：新台幣 550 元